U0016409

思考系OL——著　插畫／おさつ　謝敏怡——譯

為了吃炸雞，我決定今天還是好好活著

がんばらないことをがんばるって決めた

前言

你已經非常努力了

人生眞的很難，對不對？

越想得到幸福，卻越不幸；越努力，卻越白費力氣。

不眠不休工作，健康卻亮紅燈；爲了省錢而節省伙食費，心情卻變糟；爲了前途著想，商管類的書看得比休閒類的書多，卻被說看起來很難搞。

總是拚命想獲得他人認可。

想做夢寐以求的工作，成爲事業有成的職場女強人。想要與衆不同，不斷尋找讓衆人羨煞的生活方式。

結果卻不知不覺越來越疲憊，只能暫時放下工作。迷失眞實的自我，唯有「什麼也得不到」這個現實擋在眼前。無法實現理想時，越是努力，越是無法接受自己。

覺得自己明明很努力，回過神來卻發現，自己變得越來越不幸。這種情況不時可見，對不對？

所以，比起工作，睡覺比較重要；與其省錢，不如對自己好點，買個哈根達斯；大量閱讀自己喜歡的小說，而不是商管書。與其成爲大家都崇拜的人，不如成爲自己能夠一直喜歡下去的自己。

努力，未必能得到回報。但爲了提高得到回報的機率，還是得多多努力。

不過工作休息好一陣子之後，讓我了解到一件事。努力不見得一定要是「忍耐」或是「獲得他人良好的評價」。累了，就稍微休息一下，重新審視自我，也是一種非常了不起的努力。

與其成爲了不起的人物，不如做好自己。

與其追逐人人憧憬的夢想，不如懷抱自己眞正想要的夢想。

與其對什麼都還沒發生的未來感到不安，不如好好凝視眼前的日常。

與其把時間花在有意義的事情上，不如學會去愛沒意義的事情。

因爲如果能夠接受眞實的自己，活著應該會變得容易許多。

閱讀這本書的你，是不是覺得，爲了希望過去的努力能有所回報，一定得走在正確的道路上，所以勉強自己不斷努力，把自己逼到絕境了呢？

你已經非常努力了。

不顧一切地往前進，最後逐漸迷失自我，再也無法傾聽內心的聲音。那個時候，希望你可以想起，你還有「努力不去努力」這個選項。

當你努力過頭，感到疲憊時，請放慢腳步，對自己好點，試著去傾聽自己日常生活中的內在聲音。說不定能因此抵達你真正想去的目的地。

我想表達的是，就算日子過得再怎麼不如意，就算自己再怎麼無能軟弱，只要換個角度，就會覺得這個世界看起來很可愛。

你一直非常努力，對不對？你不再是一個人了喔。

從現在開始，一起努力不去努力看看吧。

我決定

努力不去努力啦。

我決定努力不去努力。

【目錄】

前言　你已經非常努力了　2

第1章　學會不過度努力工作

CHAPTER 1 WORKING WITH LESS STRESS

大人更應該好好偷懶　15
與其成爲別人眼中獨特的人，不如珍惜自己的獨特性　21
「公司」這個盔甲，是保護眞正自我的最佳護具　27
隱藏本性、保護自己，也是一種優秀的溝通能力　33
就算工作再無聊，只要對別人有幫助就夠了　39
光是活著，每個人都是滿分一百分　45

第 2 章　捨棄夢想與憧憬的方法

CHAPTER 2 LIVING YOUR REAL LIFE, NOT A FANTASY

難以預料的未來，一定也有幸福存在　55
今天活著，就只是因爲想吃炸雞　61
爲自己不爲別人，尋找屬於自己的夢想吧　67
就算遭到背叛，也要好好珍惜總是相信別人的「自己」　73
人生總是無法如心所願，所以試著找出當下的幸福時刻吧　79
即使追夢失敗，也能活得好好的　85

第3章 美好日子的活法

CHAPTER 3 CREATING JOY, STEP BY STEP AND MOMENT TO MOMENT

討厭的事，用一點喜歡的事掩蓋過去就好 95
與其一直喜歡別人，不如更加喜歡自己 101
不要靠神明，人生要靠自己開拓 107
能夠喜愛沒有意義的事情，世界才會充滿喜歡的事物 113
偶爾「備受寵愛」，能讓人獲得救贖 119
重要的禮物，不能因爲上頭沒有蝴蝶結就忽略了 125
就算無法改變世界，也可以改變看待世界的方式 131

第4章 凝視自己與他人的方式

CHAPTER 4 RESPECTING YOURSELF AND OTHERS

我們不知道別人在想什麼，所以用對自己有利的方式解釋也無妨 141
家人也是別人，不要再情緒勒索了 147
比起年收和學歷，思考方式更能夠守護自己和重要的人 153
不是只有可以獨自一人活下去才是堅強 159
想要別人珍惜你，你要先珍惜自己 165
討厭的事情不需要笑著回應，要用堅定的語氣告誡對方 171
不珍惜你的人，就大膽地斷絕關係吧 177
後記 依自己的意志，尋找可以綻放盛開的地方 184

第1章　學會不過度努力工作

CHAPTER 1
WORKING WITH
LESS STRESS

思考系OL

@thinkingoodol

我今天又沒去上班了。
也沒關係吧，反正還活著呀。

上午 9：01 · 8月24日

大人更應該好好偷懶

有天早上，我超級不想去上班。

早就過了出門的時間，我卻還穿著睡衣，裹著毛毯。一直到上班時間的前五分鐘，我用盡最後的力氣，用大拇指按下訊息送出鍵：「我今天人不舒服，想請假一天。」這是我出社會後，第一次裝病請假、蹺班。

突然多了一整天的空閒時間，我沒什麼特別想做的事，只是一直盯著天花板發呆。過去連假日也想著工作的我，現在就連想做什麼也不知道，這讓我非常難過。

隔天，我還是沒去成公司。

第二次蹺班之後，我終於出門上街了。沒有目的，就只是在家附近遊蕩。閒晃時，發現了一家遊樂場。我想起小時候的小小夢想——「長大後要盡情地玩抓娃娃機」。我跟著微弱的回憶，一起被遊戲場吸了過去。

不是什麼了不起的理由，就只是想要某個哆啦A夢的玩偶。我不斷把百元日幣投入機器裡，玩了三十六次，終於夾到想要的玩偶，不由得擺出勝利姿勢，好久沒這麼「投入」了。

隔天，我又有力氣去公司了。相隔兩天的職場，什麼也沒變，我的座位沒有消失。我明白到，就算沒有我，這個世界一點改變也沒有。比起寂寞，我更鬆了口氣。

「總覺得今天好累喔，請假好了。」當我那樣想時，就會看看那隻哆啦A夢，想起蹺班去玩夾娃娃機得到它的那一天。

「我今天又沒去上班了。也沒關係吧，反正還活著呀。」

過去的我覺得那樣的想法很不負責任，但現在的我則認爲，那樣的想法對自己的人生負起全責、充滿敬意和驕傲，是身爲社會人士非常了不起的心態。

我的個性本來就非常有責任感。正因爲我是個普通人，唯有認眞和盡責、做好本分，才能保護好自己。

因此出了社會之後，我也爲了守護平凡的自己非常拚命。不可以給客人添麻煩，不可以給上司和前輩惹事。我的一舉一動總是在意著周遭人，爲的只是保護自己而已。我那獨善其身的認眞盡責，幾乎讓自己窒息。

「我覺得自己才做得來，對這份工作充滿著責任感和成就感。」求職時，我覺得會說出那種話的人看起來閃耀著光輝，甚至非常憧憬。

但任何人都可以取代自己，那代表著，當自己感到痛苦時，有人會提供協助，而自己也能幫助他人。

而且，就連自己也保護不好的話，最後只會給周遭人帶來更多麻煩。

既平凡又失敗的我，在可以逐漸原諒自己之後，心靈得到了平靜。那並不是停下腳步，而是爲了抵達更遠的目的地，選擇慢慢前行。而且，原諒不完美的自己，也是原諒不完美的他人。

正因爲社會沒那麼簡單好混，所以不需要強到一個人扛起所有責任，不足的地方，互相補足、彼此體諒就好了，不是嗎？

我今天
又沒去上班了。
也沒關係吧，
反正還活著呀。

思考系OL

@thinkingoodol

在我還是菜鳥時，每次去公司，都會讓我體認到自己的無能，所以我拚了命想闖出一番事業。但最後，最能為我帶來幸福的，是下班後的牛肉蓋飯。希望自己能一直這樣維持下去，這樣的想法讓我獲得了救贖。現在我還是會用牛肉蓋飯來犒賞自己。比起功成名就，能夠做自己更顯得珍貴，不是嗎？

下午7：39 · 6月6日

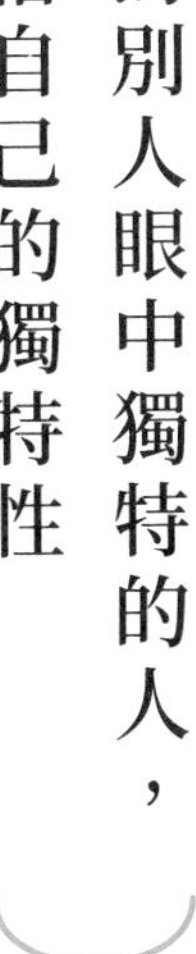

與其成為別人眼中獨特的人，不如珍惜自己的獨特性

這是我參加新人培訓時的故事。

數百個陌生面孔井然有序地坐在新訓會議室裡。每個人都有不同的人生故事，不知爲何在此產生了交集。雖然大家可能都經歷過，但這場培訓讓我發現，原來我過去生活的世界是如此狹隘，使我失去了信心。

短短兩個星期，我每天都覺得自己很無能渺小。隨便跟人聊天，就會發現新世界，自己不曾存在過那個世界的事實，硬生生地擺在眼前。那個事實讓我對未來感到非常不安。

我必須讓今後遇到的人從零認識我、肯定我，而且必須在這個新世界爲自己找到定位。不只是我，我覺得那也是幾乎所有在場新進員工，感到焦慮與不安的來源。

新訓有各式各樣的人。明明看起來很累，卻表現得「我不想要講負面的話」的人；想跟大家培養感情，主動跟人搭話，卻一直講自己的事的人；不想讓人覺得很自以爲是，所以表現出一副有氣無力樣子的人。

每當我窺見同期拚了命，想假裝自己很了不起，我內心就覺得越來越疲乏。

◯

新訓的最後一天。

內心疲憊不堪的我，決定去吃點好吃的來犒賞一下自己。下班後，我來到松屋，因爲我實在太想吃牛肉蓋飯了。

我買了外帶，回到投宿的飯店，衣服也沒換，直接坐在有著大鏡子的梳妝檯前，大口大口地吃了起來。大口吃肉的暢快感，不必在意他人眼光，心情非常痛快。蓋飯轉眼間就吃完了。

看著前方鏡子裡的自己，我雙手合十，心懷感恩，笑了出來。突然想到，大學畢業典禮那天，我也是一個人吃了牛肉蓋飯。

從學生時期開始，我一點也沒變。我好喜歡那個用牛肉蓋飯作爲犒賞的自己。因爲我覺得，**鍾情於牛肉蓋飯的自己，是非常特別的存在。**

若毫無成就，就無法成爲別人特別的存在。過去的我，對於今後必須在自己不曾存在過的世界存活，扮演有能力的特殊角色，大感焦慮。

我在飯店小小一室，默默做了一個大決定——**與其成爲別人的特殊存在，不如成爲能夠珍惜自己獨特性的大人。**一碗才三百八十日圓的牛肉蓋飯，溫柔地化解了我對一事無成的自己所感受到的焦慮不安。

比起功成名就，能夠一直做喜歡的自己，不是更顯得珍貴嗎？

這是甫出社會，二十二歲稚嫩新鮮人的我給自己的教誨。即使嘗遍了高級燒烤和壽司的滋味，我也永遠會用牛肉蓋飯來犒賞自己。無論到了幾歲都不要忘了喔，拜託了，未來的我。

我決定用牛肉蓋飯
來犒賞自己。
要永遠珍惜
屬於自己的獨特性。

思考系OL

@thinkingoodol

一直以來，每當被客戶罵時，我都會嚴重否定自己，非常沮喪。但自從某次我發現到，客戶發脾氣的對象不是「真正的我」，而是那個「身為公司員工的我」，在那之後，我不再感到害怕了。身上所背負的公司光環，有時也能保護真正的自己。

下午8：21 · 4月5日

「公司」這個盔甲，是保護真正自我的最佳護具

剛進公司時，我被分發到業務部門。這份業務工作讓我非常痛苦。我必須定期拜訪客戶窗口，但客戶比我還清楚產品，業務技巧也很優秀。我這個菜到不能再菜的社會新鮮人去拜訪，對方根本理都不理我。

推開客戶辦公室大門，我大聲地打招呼：「你好！」回應我的，只有喀啦喀啦敲打鍵盤的聲音，沒人用正眼瞧我一眼。我冷汗直流，提心吊膽地跟客戶攀談，對方一副我很礙眼的樣子。終於有人問了我一些問題，我卻沒辦法馬上回答，只能不斷回說：「我回去確認一下。」

當我聽不懂客戶在說什麼，重複一樣的問題時，比我年長許多、後梳油

頭的歐吉桑很生氣，用嚴厲的語氣低聲說：「不要讓我重複這麼多遍！」這比大聲斥責更讓人害怕。

「不好意思百忙中打擾了！我下週再來！」我憋著快流下來的眼淚，有精神地打完招呼後便離開辦公室。但下星期一定也跟今天一樣，沒有人會等我過來。回程的電車上，我終於忍不住哭了起來。

啊啊，好痛苦，怎麼跟我想像的不一樣。對那之後的日子，我幾乎沒有什麼記憶。在外頭跑客戶的時期，我每天都覺得肚子很痛。

跟同事聊了我的煩惱，大家總是回說：「那又死不了，沒事的啦。」但我去拜訪客戶，對客戶來說還是一點用處也沒有。每次被客戶羞辱時，都會覺得自己的存在遭到否定，心情變得非常低落，整個人失魂落魄的。

的確像大家所說的，我沒有被揍，也沒有實際遭受到什麼危害，但是當自己的存在遭到否定時，那段時間我覺得自己就跟死了沒什麼兩樣。

爲什麼前輩遭受到那種對待，還能若無其事地繼續工作呢？

有一次，我忍不住問了前輩。結果前輩告訴我：「大家都在演啦，扮演公司員工的角色。」那個當下我還聽不太懂。回到家泡澡時，我仔細思考後，整理出自己的想法如下。

只要我背負著公司的光環，我就不是眞正的我，大家會把我當作是「那間公司的業務」。也就是說，在怒氣衝天的客戶眼中，我並不是穿著我喜愛的洋裝，而是身著公司這個盔甲。

只要公司這個盔甲持續保護眞正的我，無論遭受到什麼樣的攻擊，我的肉體都不會受到傷害。

發現到這樣的思考方式後，我的心情變得輕鬆多了，肚子痛的情況也減少了。每次被客戶罵，就會自我否定、減損自尊的情況消失了。我不再感到害怕、躊躇不前，不斷拜訪客戶，逐漸讓對方記住我這個業務的存在。

那個後梳油頭的歐吉桑，應該早就把斥責我的事給忘了吧。每次想到那件事，我都會覺得肚子痛，而那個歐吉桑回到家洗完澡後，可能一樣喝著啤酒，一邊抓屁股，一邊看電視吧。

希望我能記得，在別人眼中，無論何時都披著「公司員工」這個盔甲的我，絕對不是眞正的我。

職場上有太多事情讓人感到鬱悶，今後我想將公司光環當作是盔甲和盾牌，持續往前進。

對方眼中的我，
並不是
穿著我喜歡的衣服，
而是身著
名叫「公司」的盔甲。

思考系OL

@thinkingoodol

我原本以為，有辦法跟每個人都很要好，就是溝通技能佳，但根本不是這麼一回事。為了不討厭對方，不要知道太多；為了不被別人討厭，不要被知道太多，像這樣與人保持適當的距離，也是一種溝通能力不是嗎？首先，不勉強自己，也是讓對方感到愉快的第一步。

下午7：56・4月18日

隱藏本性、保護自己，也是一種優秀的溝通能力

跟每個人打好關係，交一堆朋友。

仔細想想，從我懂事以來，就一直被灌輸這樣的觀念。跟每個人打好關係，彷彿是最重要的能力。

「我們交個朋友吧。」「嗯，好啊。」

小時候只要像這樣講幾句話，就可以交到朋友，但我一直以來都避免跟所有人打交道。即使現在長大成人，也還是沒變。

爲了拉近彼此的距離，就必須讓對方了解自己，自己也必須深入了解對方。而我眞的非常非常不擅長這種事。

當別人了解自己更多，只要對方稍微對自己感到不悅，就會覺得自己的本質遭到否定，深深受到傷害。而且，越是了解對方，越能夠察覺什麼地方會激起對方喜怒哀樂的情緒波動，擔心自己說的話，會不會惹對方不開心、讓對方傷心。

除此之外，當自己了解對方，對方也了解自己時，就很容易察覺到他人的惡意，受到傷害時所帶來的傷害，可能會大到讓自己再也站不起來。所以我總是跟別人保持一定的距離，努力走了過來。

「你又在隱藏自己。要多展露出眞實的自己啊，這樣才能讓別人了解你，你也能多了解對方。不多磨練一下溝通能力是不行的。」

在某個會議上，前輩用說教的口吻，如此提醒了我一番。向別人毫無保留地展露自己，深入了解對方，一直都是我最弱之處。前輩那番話，彷彿像一枝箭刺進我心臟最弱的那一塊。

但奇怪的是，我一點也不覺得沮喪，反而覺得「那又怎麼樣」，心情如撥雲見日般輕鬆了許多。我都活了二十五年，過去做不到的事，今後也做不到，做不到、做不到、做不到！我在心中大喊。

雖然我剛出社會，菜到不能再菜，但我非常清楚這一點：不是只有向任何人展露自己、拉近距離，才算「有溝通能力」。

正確理解別人的意思，精準表達自己的想法，這才是真正的「溝通能力」，不是嗎？對誰都親切友善也好，保持適當的距離也行，只要能夠溝通就好。

比起想深入了解對方，我更容易因爲太在意別人的想法，跟人相處起來畏畏縮縮的。像我這種怕生的人，需要的反而是保持適當的距離，不要太了解對方，也不要讓別人知道自己太多。

像這樣，自己心有餘裕的狀態，對方的心情一定也會感到愉快。
最了解自己的人就是自己，所以只要做出讓自己最舒服的選擇就行了。
慢慢找出最適合自己的方法就好。

你跟我是不同的，做法當然也會不一樣。

爲了生存下去，管他裝乖還是裝可愛，不是嗎？

沒辦法跟任何人交朋友
也沒關係。

有時隱藏自己
才實際。

思考系OL

@thinkingoodol

要是工作很無聊，心情就彷彿世界末日般絕望。雖然心裡很明白，快樂與否的關鍵在於自己，但還是有那種非常無聊的工作。然而工作的價值，不在於自己快不快樂，而在於對別人有沒有幫助。只要對別人有所幫助，就是一百分。

下午8：46・7月6日

就算工作再無聊，只要對別人有幫助就夠了

我一直很想成為像音樂家那樣的人。

打從心底相信音樂，相信音樂的力量可以改變別人的世界，在舞臺上閃閃發光、帥氣的大人，讓我非常憧憬。

還在念書時，我曾在展演館打工，周遭大人都是音樂家。他們對工作的態度，深深地打動我，讓我也想要成為竭盡心力、樂在工作、閃閃發光的大人。

但出社會後，我跟那種了不起的大人一點也沾不上邊。

我成了一臉疲憊，每天擠電車上班的大人之一。工作真的讓我非常痛

苦。明明不是自己的錯卻被罵，做的盡是一些不知道到底有沒有意義的事。一想到這無聊的工作，可能必須持續重複四十年以上，就讓我不寒而慄，彷彿世界末日來臨。

身爲公司員工，根本無法按自己的意思行事，也未必能做自己喜歡的事。感覺就像是，將時間硬幣不斷投入扭蛋機，卻不知道能不能轉到想要的扭蛋。

總之我想趕快累積經驗，然後跳槽，盡快逃離這個地方。

我滿腦子只想著，要怎麼從這無聊的職場脫身。

焦急的我，試圖從業務這份工作，拚命學習看似有利於換工作的「技能」，例如：顧客問題分析或是邏輯思考等。

就連向前輩提問，也是以此爲目的。但前輩們的回答都千篇一律：「你是新人，與其問那些問題，不如來閒聊一下。」我覺得「那種方法太老古板」，便跑去書店，在陳列著商管和心靈成長書的書架前，一心一意想找出自己想要的答案。

但像我這樣的新人，再怎麼努力，對客戶來說一點幫助也沒有。在報紙上閱讀沒什麼內容的資訊；沒任何經驗，憑空想像客戶的問題；鑽研有邏輯的表達方式等。但再怎麼努力實踐，也無法帶來業績。

在外頭跑完客戶，我茫然地站在東京的高樓大廈之間，心想，我果然無法成爲像音樂家那樣的大人。就在那個時候，耳機傳來我最喜歡的歌。那首我在演唱會現場聽了無數次的歌，讓我聽得入迷，想到音樂家爲了眼前的每一位聽衆，溫柔而堅定地演唱的身影。

對了，我是不是還沒有做到呢？

爲眼前的某人歌唱，而不是爲了自己。我必須爲了客戶工作，而不是爲了自己工作。

在那之後，我不再追求看似有價值的行爲，眞誠地應對郵件和電話；任何雞毛蒜皮的小事，也願意聽別人訴說；有時也會跟人抱怨，傾倒情緒垃圾。從爲了自己工作的態度，轉變成爲了眼前的人付出之後，收到他人感謝的情況逐漸增加。

工作的價值，不是自己覺得很有意義、覺得快樂就行了。我認爲，對別人有無幫助，才是眞正的價值。爲了別人付出，然後取得對等酬勞。在過程中如果找到意義或快樂，就是賺到了。

爲了眼前客戶工作的我，跟景仰的音樂家的距離可能稍微拉近了一點。

不需要感到焦急。就算不爲人所知、一點也不開心，也沒關係。千萬別忘了，只要對人稍微有所幫助，光是做到這點，就已經是一百分了。

工作不開心，
也不需要感到絕望。
因為對別人
有沒有幫助
才是最重要的。

思考系OL

@thinkingoodol

活著真的很了不起。努力工作很了不起，繳納稅金很了不起，日常消費刺激經濟很了不起。即使只是買包零食，付出去的錢輾轉流動，成了無數人的薪水。希望自己別忘了，只要活著，就會成為別人生命的養分。

下午9：27・8月25日

光是活著，每個人都是滿分一百分

有段時間，我沒在工作，也不是去當學生，而是休息了半年。

每天都過得很忙碌時，會想說「啊啊，如果每天什麼都不用做，那該有多幸福啊」，但真的成真時，卻一點也不那麼覺得。

每個月都會進帳的薪水沒了。每天光是吸氣、吐氣，錢就會一直消失不見。存摺上逐漸增加的數字，至少可以是不斷向前進的證明，所以看到存摺餘額消失的速度，比增加的速度還要快，讓我不禁覺得，我的人生也用非常快的速度倒退著。

大概是休息一個月左右的時候吧，我到家裡附近的超市買東西。

結帳時，負責收銀的店員用非常燦爛的笑容和充滿朝氣的聲音對我說：「謝謝惠顧。」店員的名牌上寫著實習生，一頭沒有損傷、烏溜溜的黑髮，她一定是來打工的高中生吧。

啊啊，那句「謝謝惠顧」，是我今天唯一一句跟別人互動的對話。我一邊想著，一邊在回家的路上，回想她充滿朝氣的聲音。

在忙碌的每一天，就連偶然的一句「謝謝惠顧」，也能讓平凡的一天顯得特別不一樣。

對了，我買來當早餐的吐司花了一百五十七日圓，最後一定成了那個女孩的打工薪水吧。那個金額應該占了她青春回憶，或是協助負擔家計的〇・〇〇〇〇〇一%吧。我的消費對她多少有幫助，所以她才會對我說「謝謝」。

不需要創造出什麼，或是對世界帶來什麼巨大的影響，只要活著花錢消費，就會成爲支撐別人生活的一部分。這樣想，讓我稍微感到有點驕傲。

店員出色的服務，讓我的心獲得了救贖。在那之後，就算沒在工作，我也能肯定自己、活得開心。

好好吃了頓早飯，讀了本書，任何事都能從中發現自己達成了什麼，並且認知到，自己的所作所爲，最後一定能夠對別人有所幫助。早餐吃的吐司幫助了銷售者和生產者，閱讀的書支持了作者和出版社，雖然力量微薄，但確確實實支撐了別人的生活。

只要身處在社會這個結構當中，常常會依據他人的評價，或是跟周遭比較，來衡量自己的價值。但是千萬別忘了，那並不是一切。

活著就是支撐著他人的生活，所以只要試著單純地凝視自己所做的一切就好。

浮誇地讚美自己，讓自己感到快樂，也不會給任何人帶來一絲困擾。既然如此，就用力地讚美下去吧。

光是活著，就已經很了不起了，不是嗎？

這個也是，那個也是，
統統都是。
只要活著，
最後一定能對別人有所幫助。

最近心情實在糟糕透頂，
所以我決定趁居家辦公期間，
到飯店住一個星期看看。
大口吃早餐，
房間會自動變乾淨，浴室也很大，
實在是太愉快了！

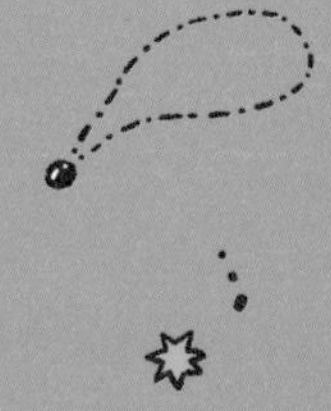

再怎麼不想工作，
再怎麼不希望明天到來，
再怎麼不安、睡不著覺，
也會肚子餓。
我大概是求生欲很強吧。
很棒不是嗎？

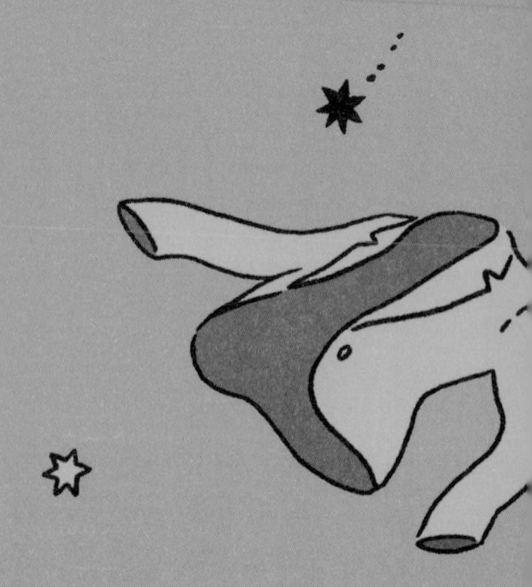

仔細思考人生各種問題很重要，
但有時順其自然，反而能抵達意想不到的地方。
例如，漫無目的在家附近散步，
在巷弄裡找到便宜又好吃的中華料理。
無論是工作還是戀愛也都是那樣，
偶爾試著順其自然、隨遇而安，也很不錯。

買杯便利商店的拿鐵
給努力早起的自己；
吃顆高級巧克力，
爲接下來要加班的自己
提振精神，
我覺得那一點也不浪費。

第2章 捨棄夢想與憧憬的方法

CHAPTER 2
LIVING YOUR REAL LIFE, NOT A FANTASY

思考系OL

@thinkingoodol

人生真的很難。考試落榜；沒錢所以只能打工，沒辦法參加社團；沒辦法做喜歡的工作。人生很不簡單，但是在考上的備胎學校，交到一輩子的朋友；因為打工而開啟一段戀情；工作很無聊，卻遇到賞識自己的上司等，難以預料的未來，一定也有幸福存在。

下午7：58・9月7日

難以預料的未來，一定也有幸福存在

原來人生這麼難啊。

我第一次有這樣的感觸，是我大學四年級，比其他同學都還要晚結束求職過程的那個冬天。我決定放棄夢想，到別的業界就業。

我從高中一年級開始，就一直夢想著要做跟音樂有關的工作。我一路走來都以此作爲人生目標。在失去人生目標的瞬間，過去的一切彷彿都失去了意義，我突然感覺身體發寒。覺得對不起支持自己的人，期望落空，只能在絕望的深淵裡徬徨無措。

我明明這麼努力，爲什麼卻得不到幸福呢？

「進這所大學，搞不好一點意義也沒有。」

跟許久不見的大學好友見面時，我不小心脫口而出這句話。結果她的視線往下，用有點悲傷的笑容回說：

「可是，我們因爲這樣而相識，也不錯啊。」

那個時候，我恍然大悟。

我發現，自己一直對無法選擇的人生感到後悔，任性自私的話語，親手傷害了「當下」眼前的幸福。

同時我也想到，當我煩惱著不知道要進哪間公司，跟好友商量時，她所說的話。

「那不是我要決定的事，你要自己決定。」

那句話聽起來有點無情，但是她並不會用好聽的話來討好我，而是用直白的方式告訴我眞正需要什麼。而我那番話，可以說否定了與值得驕傲的友人之間的相遇，讓她感到悲傷。

話說回來，我也未能考上第一志願的大學。

正因爲如此，我很不甘心，想要努力，讓自己覺得進入這所學校眞是太好了。想要改變內向膽小的自己，想要對別人有所幫助，所以一直持續擔任支援學生的志工。在那之後，我遇到了她。

眼前好友所說的話，總是非常精闢，爲了我著想。**她那番話，確實讓我一路走來的人生道路產生了意義。**

只因爲夢想完全沒實現，就覺得自己的人生失敗了，覺得自己很不幸。我說不定只是想用不幸作爲藉口，不想面對今後的人生。

就算人生一如預期般進展，如果讓眼前的幸福溜走，根本就無法保證人生一定滿意順遂。

隨著年紀增長，人生中無可奈何的事情越來越多，而未來還有數不清的選擇正等著我們。我們根本不可能從一開始就走在正確的道路上，只要在人生路上找到滾落到眼前的幸福，溫柔地拾起，然後活下去就對了。

即使願望沒有實現，在不可預期的未來，一定有幸福正等著我。就像那天好友那番話一樣，讓我察覺到了眞正的幸福。

當夢想無法實現，
不要忽略了
在那之後人生路上
可以遇見的幸福。

思考系OL

@thinkingoodol

不是女強人，不愛打扮，生活一點也不講究，沒有熱中的嗜好，沒有人在家裡等著我回家，生活一點也不充實美好，但因為晚餐想要吃炸雞，所以今天也好好活著。不需要什麼特別的理由，為了吃炸雞而活也行。

下午 00：31 · 9月25日

今天活著，就只是因為想吃炸雞

在高樓大廈櫛比鱗次，感覺異常狹隘的東京天空下。

平整如新的襯衫，配上蕾絲緊身裙。稍微有點大件的外套披在肩膀，小包包掛在手腕上。咖啡色的大波浪捲髮搖曳著。高跟鞋喀喀作響，右手拿著星巴克的冰拿鐵。

到辦公室之後，只用專櫃化妝品打造出來的臉蛋，以無比爽朗的笑容跟大家道早安。

這是大學時候的我所想像的ＯＬ模樣。

不經世故、無知的高中生如我，想要成為在東京闖蕩的女強人，想要成

爲生活燦爛炫目、人人嚮往的閃閃發光ＯＬ。

但老實說，我總覺得那樣的夢想是不得不。

我在離東京有點距離的郊外集體住宅區長大。家裡並不富裕，所以我非常清楚，上大學這件事並不是那麼理所當然。

求職期間，我犧牲了玩樂的時間、跟朋友相處的時間和大量的金錢，所以我就被下了「詛咒」，不斷想著如果不想盡辦法得到「比別人還要好的生活」，亦即「人人嚮往的生活」，過去的努力就白費了。

但現實是很殘酷的。

成爲ＯＬ的我，眞實生活跟想像中的東京ＯＬ一點也不像。上班時，全身上下優衣庫配平底鞋。頭髮很礙手礙腳，所以綁起來。背著裝有筆電和資料的大背包，走進老舊的大樓。那張用便宜化妝品的臉，妝早就已經花掉。右手拿著的水壺，裝著每天晚上都會事先準備的麥茶。說是去上班，根本像去登山（雖然我沒登過山）。

我依然住在離東京有點距離的地方，每天拖著疲憊不堪的身軀迎接早晨，開始渾渾噩噩的忙碌日子。每當感到疲憊時，那個詛咒就會折磨著我。

從客戶那邊搭電車回家時，我問了自己這個問題——

「我至今的努力，真的能得到回報嗎？」

我茫然地望著窗外，覺得離東京越來越遠的景色，彷彿是自己離理想越來越遠的人生。

但是在回答那個問題前，景色從車水馬龍轉換成清幽恬靜，疲倦感襲來，我便不知不覺沉沉睡去。

我在離家最近的車站醒來。在夜空下走著走著，被超市明亮的燈光吸了進去。我最喜歡的炸雞半價，今天的晚餐就決定吃炸雞配檸檬沙瓦了。

回到家後，換上從國中就愛穿的體育服。體育服的鬆緊帶鬆了，衣服被洗得皺巴巴的。我一邊看搞笑節目，一邊把炸雞和檸檬沙瓦塞進嘴裡。這個時間很平凡，沒有要向誰表達什麼訴求，是我最能放鬆心情的寧靜時刻。好幸福啊，我忍不住喃喃自語。

這個瞬間，我從詛咒中解放了。如果能夠成爲下班後大口吃炸雞而感到幸福的大人，努力絕對是有所回報的。

雖然我沒能成爲那種人人羨慕的光鮮亮麗ＯＬ，但我還是想在回家時吃炸雞。只是爲了吃炸雞而活，也挺不錯的。

不需要
什麼特別的理由，
我今天
就只是為了吃炸雞
而活。

思考系OL

@thinkingoodol

你問我，將來的夢想是什麼？大概就是到薩莉亞吃到飽，住在家具和擺設全部都是Francfranc這個牌子的家裡，吃遍無印良品的咖哩速食包。那種程度的夢想就非常足夠了，對別人沒有幫助也沒關係。讓自己明天也想繼續活著，才是重要的事。

下午 5：10・8月15日

為自己不為別人，尋找屬於自己的夢想吧

高中時，我曾經因爲偶然在廣播上，聽到某個獨立樂團的歌而成爲歌迷，開始到展演空間去現場看他們表演。那個樂團出道後，一步一步實現夢想的身影，深深打動了我的心。

我也想做跟音樂有關的工作，爲更多的人帶來幸福。這是我第一次有了「爲了別人」的夢想。

實際在展演空間工作時，我每天都可以看到追逐夢想的人。在那裡，我也遇到很多人願意支持我，對我這個「想做跟音樂有關的工作」的夢想感興趣。

透過音樂，讓「他人」得到幸福——有了這樣的夢想之後，我有生以來第一次覺得自己的存在獲得了肯定。訴說「爲了別人」的夢想，就能獲得別人的肯定。**獲得肯定的感覺讓我食髓知味。**那是孤獨又笨拙的我，唯一能找到的生存方式。

結果，我沒找到跟音樂相關的工作。而且到公司上班後，我又想獲得別人的肯定。「我想做這樣的工作」，跟上司面談時，總是談著自己的夢想。因爲那樣做，工作做起來比較有幹勁，也能獲得別人的喜愛。

想得到別人的肯定。或者是說，那個時候的我認爲，得不到肯定，就沒有自己的存在價值。

那樣的我，遇到了徹底改變夢想定義的事情。

那是在我罹患憂鬱症，請假在家休息的時候。

請假休息期間，我一直窩在五個榻榻米大的房間裡。自己一個人獨處時，過去只能從別人那裡得到的「自我肯定感」完全消失了。令人吃驚的是，我什麼事也不想做。

在多到不行的煩悶時間裡，我發現一件事：對我來說，過去的夢想，都只是爲了獲得他人肯定的工具而已。

對現在空殼般的我來說，眞正的夢想到底是什麼？

在家休息那段期間，我一直待在跟社會和他人斷了連結的世界裡，不斷面對內在的自我。最初完全沒有想做的事情。

即使如此，小小的「夢想」開始發芽，我便決定努力地實現那些夢想。

午餐時，每天到連鎖家庭餐廳薩莉亞點不一樣的東西吃。晚上想吃無印良品的咖哩時，馬上就去買來吃。隨便走進生活雜貨店Francfranc逛逛，買了個超可愛，但是不知道可以拿來幹麼的裝飾品。

小小的嗜好，累積久了就越來越大，最後成爲了不起的「夢想」。總有一天想試試薩莉亞的吃到飽！吃遍無印良品的咖哩！想住在家具全部都是Francfranc這個牌子的房子裡！

不是爲了誰，也不是想得到別人的肯定，而是讓自己明天也想繼續活下去的重要夢想。

在那之後，一片空白的生活恢復了色彩。雖然無法得到別人的肯定，內心卻越來越充實。早上起床的理由，不再是因爲如果不去公司，別人就會對自己失去信賴。

人生很孤獨。正因爲如此，與其獲得別人的肯定，不如自己先肯定自己來得堅實可靠。就算對別人沒有幫助，對社會沒有助益，得不到別人的敬重，也沒關係。

夢想，對別人沒有幫助
也沒關係。
為自己找個
明天也想活下去的
夢想吧。

思考系OL

@thinkingoodol

遭到背叛而傷心難過，是因為自己相信他人；失敗而覺得丟人現眼，是因為自己選擇了挑戰；沒能實現夢想而後悔不已，是因為有努力追夢的自己。人生路上難免會遇到悲傷事，難過的心情會拖累自己，但也別忘了確實存在過的自己。

下午 9：15・11月14日

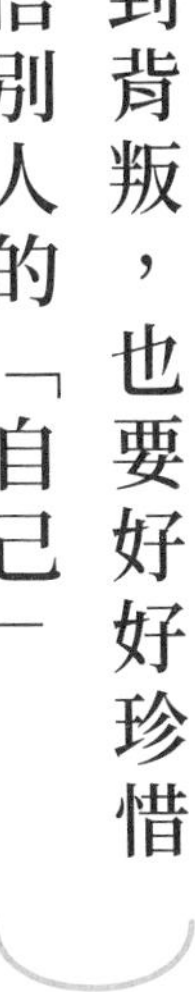

就算遭到背叛，也要好好珍惜總是相信別人的「自己」

「算我拜託你，我不想再見到你了，我們不要再見面了。」

那是冬天的夜晚，我在可以看見豐洲的公園，向曾經仰慕過的對象留下最後的一席話。平常總是既冷靜又聰明的他，彷彿玩具被沒收的孩子般鬧脾氣說：「爲什麼？我不要。」可能因爲無法如自己所願吧，他最後把我留在酷寒的海邊，一個人回去了。

沒錯，我就是討厭他那樣。我尋找討厭對方的理由，說服自己。我一直都很清楚，那個人並不是爲了眼前的我，所以才死纏爛打。

他是我社團的前輩，從認識他開始，我就一直非常非常仰慕他。

爽朗的笑容，言行舉止充滿自信，說話不迎合、媚俗，受歡迎程度不分男女。

我之所以會跟那樣的人說「再也不想見到你」，是因爲對方嘴巴上一直說喜歡我，卻不願意跟我交往。

那是活在大人和孩子分界線的我，非常難以忍受的事。我既無法理解那種言行不一致的行徑，也不想去了解。壞消息一個接著一個，我後來得知他跟我的好友交往。那個消息不只是在傷口上撒鹽，而且彷彿灑鹽酸般，重重地傷害了我。

我同時失去了兩個我眞心喜歡的人。「這是在演八點檔嗎？」我連吐槽自己的餘力都沒有。我整個人簡直像行屍走肉，在最近的車站月臺上一邊喝著酒，一邊呆望著電車一輛一輛從我眼前通過，直到天亮（我酒量不好，所以只有「微醺」）。

當對方把我的心意踐踏得破碎不堪時，從過去到未來，「遭到背叛」這個事實永遠存在。那個人不珍惜我，也沒那麼喜歡我。這讓我悲傷得不得了。

但是我從悲傷的深淵裡，想辦法爬了出來之後，想通了一件事。那個悲傷故事裡的主角，也就是不被對方珍惜、喜歡著對方的我，確實存在過。

對方在想什麼，我一點興趣也沒有。那個人眞的喜歡過我嗎？他現在對我還有意思嗎？對傷害我這件事情有反省過嗎？這些問題對我來說根本不重要。我愛過那個人，這個事實到了未來也不變，這樣就夠了。察覺到這點之後，我終於成爲自己人生的主角。

那個人大學畢業的那一天，我來到學校，走在學校前的櫻花大道上。前面有人走了過來，沒想到是他。我跟他對到了眼，在我開口說話之前，他跟我擦身而過，頭也不回地走向車站。在那之後，我再也沒見過他了。這個偶然巧合，彷彿是對方主演電影的最後一幕，而我主演電影的序幕。

藏不住的愛慕之情。現在回想起來，後悔、悲傷和難以忍受的焦慮感，把我壓得喘不過氣。

即使如此，我也一直把這件事情謹記在心：眞心相信別人的我確實存在過，這件事比被誰背叛來得重要太多太多。

只要記得
自己的心情就好。
即使遭到他人背叛，
也別忘了曾經相信過別人的自己。

思考系OL

@thinkingoodol

人生總是有各種衰事。久違洗了衣服，卻開始下雨；終於提起勁想要工作，身體卻不舒服；提前做了晚飯，那天卻臨時有聚餐；穿了喜歡的白色洋裝，卻跌倒弄髒了；喜歡上的人，大多已經死會。所以，現在得到的幸福再怎麼小，也都是奇蹟。

下午 8：09 · 7月28日

人生總是無法如心所願，所以試著找出當下的幸福時刻吧

髒衣服的量，跟工作疲倦程度成正比。

我已經連續一週，對從洗衣籃溢出來的髒衣服視而不見。工作累得半死，回到家後想要馬上洗澡的我，看到洗衣籃感到無比絕望。

「慘了，後天沒有內褲可穿。」

我累得半死的大腦馬上快速運轉，在「犧牲睡眠時間，明天一早起來洗衣服」和「一天不穿內褲也不會死」這兩個選項之間做終極二選一。

五分鐘後，結論終於出來了。不穿內褲去工作的風險實在太高，如果發生脫褲子的偶發事件，我會失去立足於社會的所有尊嚴與地位。我想像了那

樣的慘劇後，努力撐起身子，用盡最後一絲力氣，精心挑了幾件髒衣服放進洗衣機裡，預約了定時洗衣。

隔天，我提早起床，晾一堆洗好的衣服。我沒吃早餐；沒時間用電捲棒燙頭髮，直接綁成馬尾；化妝也沒用刷具，用手指頭三分鐘完成。這些事的優先順序，都沒有內褲來得重要。

我飛奔進電車裡，勉強趕上上班打卡時間。想到明天的內褲有著落，讓我放下一顆心中大石。

彷彿要爲手忙腳亂的早晨壓壓驚，我喝著拿鐵喘口氣，就在那個時候，大雨唰地傾盆而下。

怎麼會這樣！天氣預報明明沒說會下雨。突然覺得可愛的氣象女主播好討人厭。可惡。

而且失去明天的內褲，不，應該說失去黑暗中一絲光明的我，彷彿一團爛泥癱軟在辦公桌上。

爲什麼每次都這樣？人生怎麼總是這麼衰？

生活不順的時候，衰事總是一件接著一件來，神明的心地眞壞。

就像是發洩對神明的不滿，我把拿鐵一飲而盡。我從辦公室的窗戶再次確認雨況。雖然覺得很不甘心，但是從雲間灑下的陽光透過水反射，平凡的街道看起來熠熠生輝。

那個時候，我突然覺得，**正因爲人生中的種種衰事，現在眼前的幸福再怎麼小，都可以說是奇蹟。**

幾乎每天都喝的便利商店拿鐵；朋友送的畢業禮物——原子筆超級好寫；在生活雜貨店買了一眼就愛上、大小剛剛好的記事本；特價時買到身上這套設計好好看的套裝；在網路上找到不會太浮誇、又有質感的好用名片夾。這些全部都是奇蹟。

我發現，自己不知不覺將手中的幸福視爲理所當然，眼裡只看得到倒楣事。

再這樣下去，只會永遠被倒楣事控制，變得不幸。

與其糾結於運氣不好帶來的不幸，不如仔細凝視現在手中擁有的幸福，不是嗎？

我把喝完的拿鐵杯子，「咚」的一聲丟進垃圾桶裡。

對啊，今天就不要努力了。絕對要準時下班，然後，買新內褲回家。買有點貴的內褲好了，而且是可以保暖肚子的那種。馬上就把這件衰事，變成跟新內褲相遇的契機吧。

人生啊，
總是有很多倒楣事。
所以現在手中的幸福
再怎麼小，
全都是奇蹟。

思考系OL

@thinkingoodol

就算沒找到夢想中的工作，Mister Donut依舊好吃，洗桑拿很舒服，繼續聽愛團的歌，幸福依舊在身邊。就算無法如自己所願，只要不要鬧彆扭，真誠地面對自己和工作，總有一天，一定會有好事發生。

下午 8：06・3月30日

即使追夢失敗，也能活得好好的

那是我出社會後第一天出門上班，從我家到最近車站那條路上的事。每當春天來臨，我都會在櫻花林蔭道下，邊走邊仰頭欣賞。但那天當我抬頭往上看時，實在太想哭了，所以我只聽到櫻花凋謝的聲音。

從高中開始，到音樂業界工作一直都是我的夢想。我投了好幾次履歷，收到的都是未錄取通知。我只拿到一個面試機會，但面試過程不盡如人意。

我的夢想，就隨著那次面試結束了。

我持續找其他的工作，最後來到發錄取通知給我的公司上班。入社典禮當天，是我朝向一點也不期待的未來踏出一步的日子。

我覺得，朝著夢想努力的日子，就像是凋謝的櫻花般，全部隨風而散。雖然內心沮喪不已，實在太不甘心了，但我還是把流淚當作是因爲鞋子咬腳太痛，強忍住最後的淚水，大步前進。

我很清楚，我跳進了自己一點也沒興趣的世界。

我完全無法想像，未來自己會在哪裡、做什麼、跟誰在一起。失去夢想的我，現在究竟該往何處去呢？我還不知道，放棄夢想的人生該怎麼走下去。

就像我覺得櫻花不再美麗，混沌不明的未來，會不會就連我這個存在本身，也給一點一點地掏空了呢？

放棄夢想的那個瞬間，世界的色彩消失了。

一點也沒興趣的工作做了一年之後，春天再度來訪。

早晨來臨，每天都非常忙碌，所以早餐吃Mister Donut。穿上我用第一份薪水買的、很喜歡的平底鞋出門。戴上耳機，從為我帶來夢想的樂團第一首歌開始聽。對了，今天是星期五，工作結束後去那間桑拿浴看看好了。哇，好期待喔，我心想。

這是我一個人住之後，在這個鎮上迎接的第一個春天。公寓前的大馬路，有著盛開的櫻花。

清澈湛藍的天空底下，粉紅色的粉嫩櫻花盛開綻放，美得讓我目不轉睛。

每天賣著一點興趣也沒有的東西給別人。如果還是學生、懷抱著夢想的我，問現在的我說：「工作開心嗎？」我應該會苦笑著回答：「一點也不開心，就只是工作而已。」我成了我過去最討厭的大人。即使如此，我應該也會安慰她：「櫻花還是一樣美麗，你可以放心。」

就算沒有夢想，Mister Donut的早餐給了我力量；星期五晚上去洗桑拿，溫暖了身心。就算早上醒來，覺得自己的人生不該是這樣，只要聽聽給了自己夢想的樂團歌曲，每天都能夠真誠地做自己。就像這樣，喜愛的事物也能夠持續不變，每天繼續喜歡下去。

那絕對不是向人生妥協，而是慢慢地接受事實，因爲活著不只是爲了夢想而已。對工作一點興趣也沒有沒關係，只要慢慢培養出興趣，那樣就夠了。

每當春天到來，覺得櫻花好美時，我就爲自己感到驕傲。一定是因爲即使沒有夢想，我也能昂首闊步了。

即使沒有實現夢想，
幸福也永遠在身旁。

星期一是一週的開始，可以對自己好一點。
星期二還要再工作四天，可以對自己好一點。
星期三已經來到一週的一半，可以對自己好一點。
星期四必須再努力兩天，可以對自己好一點。
星期五已經工作了五天，可以對自己好一點。
我的原則就是，每天都對自己好一點。

「捨棄」，超級重要對不對？
不點麥當勞買大送大的特價方案，
丟掉一年沒穿的衣服，
跟不珍惜自己的人斷絕關係，
多未必就是好，精簡身心才輕盈。
都已經是大人了，不必刻意背起不必要的包袱，
讓自己活得簡單自在吧。

明明那麼認眞念書，卻考不上的學校；
明明這麼喜歡，卻無法開花結果的戀情；
明明那麼努力，卻進不了的公司；
明明那麼想要，卻得不到的東西越來越多。
大人，眞是辛苦。
原來這就是，得不到的總是讓人最想要。
希望自己能學會去愛尋常又平凡的日子。

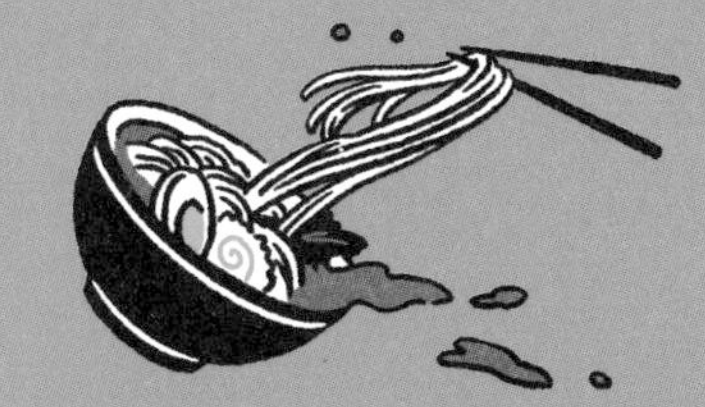

人生大部分時候
都無法稱心如意，
所以我暗自決定，
至少晚餐要吃自己想吃的東西。
希望卽使是無可奈何、
不穩定的道路，
也能走得開心愉快。

第3章　美好日子的活法

CHAPTER 3

CREATING JOY, STEP BY STEP AND MOMENT TO MOMENT

思考系OL
@thinkingoodol

只要有好喝的拿鐵，即使提不起勁，也能雀躍地出門上班；只要有喜歡的洗髮精，即使覺得洗澡很麻煩，也能充滿期待；只要有可愛的洋裝，懶得外出的假日，也能興奮地出門。
把討厭轉化成喜歡，好好過日子，大概就是這樣吧。

下午 8：29 · 2月18日

討厭的事，用一點喜歡的事掩蓋過去就好

我一直以來都很不擅長控制負面情緒。

所以對我來說，學生生活簡直是苦行磨練。

比方說，要上臺發表的日子、小組討論的日子、可能會被老師點到的課、體育課要打籃球的日子等。總之，對害羞怕生的「思考系女高中生」來說，光是上學，每天都覺得緊張到快爆炸。

有時早上起床，就會覺得「今天是戶外教學啊，而且有朝會。啊，中午還有委員會的集會。啊啊，受不了，好麻煩，今天請假好了」。

啊啊，好討厭。啊啊，好麻煩。啊啊啊啊啊。

只要想到不久的未來潛藏著小小的難題，從頭到腳就會被負面的情緒弄得很緊繃。不去上學會被罵，所以我試著控制情緒，想要勉強自己正向思考，但心裡想的跟言行不一致，反而讓問題變得更複雜。

那樣的我，在出了社會，可以自由使用的金錢變多時，發生了變化。

出社會工作之後，跟學生時期相比，必須小心翼翼的場合多非常多。進到辦公室的瞬間、跟高層擦身而過的瞬間、接起電話的瞬間、找上司說話的瞬間，這些微不足道的瞬間，都會讓我全身上下緊張得不得了。

回到家躺在床上，滿腦子想的都是今日的反省和明天的待辦事項。一個不安串起另一個不安，幾乎每個晚上都在腦中上演不安的小劇場。

但學生和社會人士有個非常不同的地方，那就是社會人士擁有一定程度的金錢和自由。出社會之後，也因爲開始一個人住，自己爲自己做決定，日常生活中可以做的選擇變多了。

想休息的時候，就到星巴克歇歇；講究版型和色彩搭配的洋裝，只要努力點存下錢，就買得起。惶惶不安的日常生活裡，微不足道卻充滿快樂的時光變多了。

那塑造了我「用喜歡的東西來掩蓋討厭事物」的想法，腦中負面小劇場的時間因此越變越短。雖然不安的源頭並未因此徹底消失，但受不安或煩躁情緒所苦的時間，因爲做喜歡的事而獲得滿足，變得沒那麼令人痛苦。

不想出門上班的心情，只要跟著甜甜的拿鐵一起喝下肚就可以了；覺得洗澡很麻煩的心情，就用香味彷彿花朵綻放般的洗髮精沖洗掉就好；到了客戶拜訪行程當天，覺得麻煩的心情，就用輕柔淡色的洋裝溫柔地包裝、隱藏起來就行了。

過日子這件事情本來就很麻煩，加上人的情感本來就很豐富，想消除負面情緒，根本就是不可能的。所以乾脆別勉強自己去控制情緒。

心思細膩的思考系女高中生過去認爲，正向思考幾乎能撫平所有的不安情緒，是人生必要的東西。

但思考系ＯＬ現在則認爲，不需要逼自己正向思考，用愉快的心情巧妙地掩飾負面情緒就可以了。

對了，明天有很重要的簡報，早上就喝杯熱拿鐵吧。

像這樣，讓日子過得越來越愉快。

曖昧地、
含糊不清地、
輕柔地一點一點克服憂鬱。

思考系OL

@thinkingoodol

從失戀中重新站起來的方法，不是利用他人來填補空缺，而是把時間用在自己身上，讓自己變得更加喜歡自己，勝過之前喜歡的人。埋首於興趣當中也好，形塑外表姿態也行，因為更加喜歡自己之後，一定可以遇到願意更加珍惜自己的人。

下午 8：27 · 11月19日

與其一直喜歡別人，不如更加喜歡自己

我這輩子只參加過一次聯誼。

那是我大學時的事情。我拜託東大的朋友幫我找東大生來聯誼。那時的我，剛好經歷了一場轟轟烈烈、令人痛徹心扉，最後燃燒殆盡的戀情。可能是燃燒得太徹底了吧，我只想到用新戀情來填補寂寞和自卑帶來的空缺。

那位朋友察覺到我的想法，立刻幫我安排好聯誼。當天出現的五個男生，真的是又高又帥的東大生。

「大家是念哪間大學？我來猜猜看。」「你參加什麼社團啊？」「某某某感覺好像是念女子大學的耶。」這些不重要的對話炒熱了氣氛。

我過去從未參加過這麼大學生的活動。被當成是女孩子來捧，而且對方沒有惡意，整個人輕飄飄的很開心。

但就在我喝得微醺，要去上洗手間時，我看到洗手臺前鏡子裡的自己，臉上的妝化得比平常還要濃，看起來實在很俗氣，心情突然跌到谷底，把我拉回現實。

如果我喜歡過的那個人，看到我現在這個樣子會怎麼想呢？

不，過去喜歡那個人的直率的我，恐怕才會失望透頂吧。

喜歡的人沒有選擇我，悲慘和不甘心的心情，讓我想要找能力更好的人交往，以爲這樣可以提高自己的價値，讓對方刮目相看。

那是天大的誤會，誤以爲身旁的人的價値，就是自己的價値。

即使如此，那時的我只知道用無聊的事情，來彌補寂寞和後悔。喜歡的人沒選擇我就不行，沒獲得比自己優秀的人的肯定就不行，總之那個時候的我很容易感到不安。

以為唯有透過他人的認可，才能確認自己存在的輪廓。

結果，「沒有被那個人選上的我」一點成長也沒有。

然後，聯誼過了幾個月之後，我偷偷封鎖了對方的ＩＧ帳號，再也沒聯絡了。

在那之後過了五年，我想告訴那個時候的我，雖然喜歡的人沒有選擇我，我因此迷失了自己。

但現在，我有魔法的遊戲機Switch；海賊王魯夫當上了自己的「人生船長」，擁有在莫名感到寂寞的夜晚，一個人訂披薩的財力。現在比過去更喜歡化妝，也有一堆化妝保養品。我的髮型也從短髮鮑伯頭，變成現在自己超喜歡的長髮。

現在的我有許多小小的「喜歡」，已經不再搖晃不安，活得很腳踏實地。

被喜歡的人選上，不是人生唯一的喜悅，讓自己更加「喜歡」自己，也是證明自己存在的方法之一。

鏡子裡那個看起來俗氣的我已經不在。二十五歲的我，可是隨時隨地都超級可愛。

用自己喜歡的事物填滿生活，
才是肯定自己最好的方法。

思考系OL
@thinkingoodol

「神明都看在眼裡」，這種話根本是謊言。霸凌我的傢伙，以高學歷進到一流企業工作，在菁英路上勇往直前；就連劈腿的前男友，也跟比我漂亮好幾倍的美女結婚。神明在裝傻。但那些傢伙變得不幸，自己也未必就能得到幸福。雖然很讓人憤怒，但自己的未來，比他人的現在還重要。

下午 8：35 · 6月20日

不要靠神明，人生要靠自己開拓

「沒問題的，神明都看在眼裡喔。」

在每個人的人生當中，這句話至少會出現一次。

過去的我打從心底相信，就算遇到多糟糕的事，只要保持一顆善良的心，一定可以獲得神明的保佑，惡人會遭受懲罰，善人則會得到幸福。

不過，隨著年齡漸長，總覺得這個想法變得有點可疑。

這裡我盡可能地回顧一下，我認真生活的人生。

我這個人很專情，卻常常發現我喜歡的人跟我的好友交往過，而且這種情況還遇到五次；又或者是平時沒什麼交情，考試前跑來跟我借筆記的樂天派同班同學，考上我想去的大學。

而且那些人還能夠大言不慚說：「過去的我很過分，但也多虧了過去，才有現在的我。」

以自我爲中心的人精明老練，比過於在乎他人想法的人更能獲得幸福，是這個世界不變的道理。

我總是希望他們得到報應。

如詛咒般的心願，卻怎麼也無法實現。

看來神明似乎在裝傻。

怎麼等也等不到溫柔的神明對我伸出援手。

在工作不順的夜晚，我這樣想像。

如果那些利用我的人，統統跌進不幸的深淵裡。

我一定會在心裡竊笑「活該」，心情舒爽痛快，那天喝的啤酒一定會特別好喝。

但即使他們變得不幸，眼前堆積如山的工作也不會消失，上司也不會突然變溫柔，再怎麼記帳存款也不會變多，照鏡子也不會變成北川景子。

這樣一想，總是想要依靠神明的我，讓人感到厭煩。什麼都不用做，就會有神明出現讓我變幸福，哪有這麼好的事。我之所以怎麼也無法獲得幸福，是因爲就連自己的人生都想要靠神明，完全不願意面對現實所致。

我下定決心，不要再羨慕別人、坐等別人來幫忙，或是希望對方倒楣了。

總有一天會降臨在自己身上的好事，要靠自己的雙手去爭取。我這樣告訴自己。

但我還是想試著相信，我能夠成爲那種，就算戀情沒有結果，也不忘曾經努力過的溫柔的人。

從明天開始，每天一定會一點一點漸入佳境。

沒獲得神明的眷顧，
就自己讓自己獲得幸福吧。

思考系OL

@thinkingoodol

與其凡事追求有意義，我更想用力地去愛沒有意義的事，像是回家路上隨意去唐吉訶德逛逛，或是在電車上呆呆望著街道。喜歡沒有意義的事情，不需要什麼理由，希望自己可以一直這樣下去。因為如此一來，這個世界一定會充滿喜歡的事物。

下午9：13 · 3月20日

能夠喜愛沒有意義的事情，世界才會充滿喜歡的事物

我想要在三年內跳槽。所以在那之前，必須做出實績、磨練出有用的專業技能，那可是一點時間也不能浪費。

爲了減少通勤時間，一個人到陌生的地方住。沒有買電視；最喜歡的樂團，也因爲太累，怕影響到隔天的工作，漸漸沒去了；漫畫和小說堆在衣櫃的深處，書架上只放了商管書籍；放假也只翻閱公司的產品型錄。比起跟朋友出去喝酒，寧願把時間拿去看YouTube上看起來知識濃度高的影片。

出社會的第一年，我的心思全放在工作上。出社會工作後，對未來感到迷惘不安的感覺，眞的讓我非常焦躁。所以我強迫自己，把時間用在有意義

的事情上，藉此消除不安。

在那個時候，我滑了滑手機，畫面跳出我還是學生時，發布在社群網站上的文章，上頭寫著我一個人到山形縣參加駕訓班集訓的事。

大學四年級的冬天，我終於結束了求職期，度過了不安的日子。求職期持續了大約一年，過程中不斷被要求回答理由。

我應徵了數十間公司，應徵表格和面試都不斷地問我「爲什麼」。那樣的過程，讓我以爲有意義的事物才是有價值的，失去了非理智的感性。

在到職之前的那段時間，我對未來充滿不安。未來我會在哪裡？跟誰在一起做什麼呢？

就在那個時候，我為了考取汽車駕照，到山形縣度過了兩個星期。

在陌生的地方過簡單生活，每一天都很平淡無奇，沒什麼特別的。但是在準備搭上夜間巴士回去前，我突然覺得很寂寞。

從往返訓練場地和宿舍的巴士上，可以看到一片雪白的街景；在休息空檔吃了牌子聽都沒聽過的冰淇淋；幫我盛了一大碗白飯的食堂歐巴桑；要走三十分鐘的雪路才到得了的超市。不知道為什麼，想到那些事情時，胸口就覺得暖暖的，對未來感到不安的情緒漸漸釋懷了。

當我發現，就連沒什麼興趣的街道，我也能真心覺得好可愛時，我獲得了莫大的救贖。

我在看不見光的巴士裡，打從心底希望自己，就算沒有意義也能繼續愛下去，而不是把時間拿去追求有意義的事物。

出社會工作之後，忙碌的日子讓我每天都渾渾噩噩的，不知不覺連那麼重要的事都忘了。對現況感到焦慮的我，認爲時間應該要花在有意義的事情上，把沒有意義的事情都視爲沒有價值的東西。

生活在充滿不確定性的時代，對我來說，與其勉強自己去做有意義的事，沒有意義卻很喜歡的事或許才是必要的。

想起考照集訓的事情後，我終於讓生活回到原本的樣子。我買了電視；即使沒有要買什麼東西，每天也去超市逛逛；能夠珍惜沒有目的，只是隨著電車搖動，眺望著窗外景色的時光。

如果連這種沒有意義的事也能喜歡，平凡的日常一定也能變成充滿「喜歡」和獨特性的世界。

與其把時間
花在有意義的事情上，
不如好好珍惜，
就連無意義的事物也能
喜愛的自己。

思考系OL

@thinkingoodol

得到憂鬱症之後，拯救了我的，不是「都是為你好」的嚴厲訓斥回憶，而是被寵愛的記憶。爸媽帶我去百貨公司吃的霜淇淋蘇打；保健室老師偷偷拿給我吃的、滿滿鮮奶油的餅乾。嚴苛訓斥有時讓人無能為力，寵愛有時能肯定他人的存在，成為救贖。

下午 8：10 · 2月25日

偶爾「備受寵愛」，能讓人獲得救贖

我一個人獨自在房間裡不斷想著，無法回應大家期望的我，是個懦弱、不夠努力的人。

大學畢業進公司才一年半，我就得了憂鬱症。我認爲，我在工作上算是很積極正向，所以就算是莫名其妙被罵，我也會當作對方嚴厲都是爲我好。

其實我非常沒自信，但唯有如此相信，我才有辦法度過每天忙碌的日子。

當內心嚴重受挫時，別人嚴苛待我的話語，到了晚上就會一個一個浮現在幽暗當中。我沒能克服的困難，我沒能回應別人的期待，這樣喃喃自語著，眼淚就一滴一滴落下來。我每天都睡在被淚溼的枕頭上。

。。

某天中午，我看到馬路上孩童們牽著老師的手走著的樣子。那個時候，我的心被溫暖的回憶給包了起來。

幼稚園時，我常常拒絕上學，對教室玩的遊戲感到厭煩，就跑到職員室躲起來。

班導完全沒有責備我，還讓我在保健室的小床上睡覺。老師知道我沒吃早餐，就從大罐子裡拿出餅乾，在那上頭塗滿鮮奶油給我吃。吃完之後，老師一定會用淘氣的口吻，笑笑地說：「要向大家保密喔。」

就算現在長大了，那個樸素、甜滋滋，融在嘴裡的滋味，我到現在也還記得一清二楚。

過去我一直認爲，嚴格是成長必要的東西。那的確逼得我不得不做，我也因此多少有成長。

但嚴厲言詞帶來的龐大壓力，在我感到挫敗時，會輕易地把我的尊嚴給破壞殆盡。在我失去氣力、失去信心、失去一切之後，嚴厲的話語一點意義也沒有，只是狠狠地踐踏我而已。

但幼稚園時備受寵愛的回憶不一樣。

老師的溫柔無條件接受了眞實的我，即使經過了這麼長的時間，也讓長大成人的我覺得被接納了。

然後我一點一點回想起孩童時期備受寵愛的記憶。

只有感冒時，才會買給我的水果口味果凍；小學六年級出現拒絕上學傾向時，裝病請假帶我去遊樂園玩。

這些溫柔回憶，我都記得一清二楚。就算我不努力，他們也接納了我這個存在。

身爲大人，要活得獨當一面，非常非常困難，這一點也不誇張。嚴厲斥責我的大人們，應該也很清楚這一點。

雖然努力克服困難是必要的，但我認爲，在克服不了困難時，有沒有可以支撐自己的回憶，會大大地影響之後的人生。無條件受寵愛的回憶，肯定了我的一切，讓我覺得自己可以繼續活下去。

今後，不只是那些對我嚴厲的人，我也想好好記得過去無條件寵愛過我的人，將那些溫柔回憶好好記在心裡活下去。

而我現在成了大人，輪到我無條件地寵愛重要的人了。

回想起過去無條件備受寵愛的記憶。
回想起那些即使不努力，
也願意接納我的溫柔回憶。

思考系OL

@thinkingoodol

不能因為上頭沒有蝴蝶結，就忽略重要的禮物。肚子痛時，情人為我泡了一杯熱可可；因為工作而心情低落時，前輩請我喝了一杯星巴克。希望我能夠成為，無論何時都可以好好用雙手接下各種形式溫柔禮物的人。

下午 8：17 · 3月14日

重要的禮物，不能因為上頭沒有蝴蝶結就忽略了

不知道從什麼時候開始，我不再向聖誕老人許願要禮物了。

大學時，我遇到一件讓我非常魂牽夢縈的風衣，是非常美麗的淡藍色。我好希望能在大學最後的春天穿上。但要價兩萬日圓，對學生來說非常昂貴。

我手上握著努力打工，一點一點省下來的兩萬日圓，手緊張得流著汗，再次來到那家店，迅速拿了夢寐以求的那件風衣。

在排隊等結帳時，看到跟我差不多年紀的女生，和看起來像是她母親的人，兩個人在店裡逛。女生正在試穿我準備購買的風衣。她的母親對她說：

「很適合你耶。」女生笑得很開心。後來她母親就拿著風衣排在我後面。那位母親先我一步，朝著接過欲購買商品的店員說：「請幫我包起來。」

「好好喔。」

我好久沒有像這樣不小心說出內心話，連自己都嚇了一跳。

大概是小學低年級左右，聖誕老人不再來我們家了。「聖誕老人在空中飛時出了意外，他不會再來了。」爸媽宣布了這個讓人非常悲傷的消息，很殘酷又強硬地，讓我跟聖誕老人說再見。

聖誕節當天，到學校後，同學們都熱烈地討論著從聖誕老人那裡拿到了什麼禮物。「好好喔。」我也只能這樣說。

在那之後，我再也沒拿過打著蝴蝶結的禮物。

長大後，我漸漸不再對禮物那麼執著了。因爲想要的東西，自己買就行了。

對不擅長撒嬌的我來說，與其撒嬌拜託別人，自己買相對輕鬆許多。

但不知為何，跟讓爸媽買給自己的女生相比，總覺得自己買給自己有點悲慘。那個女生手上的風衣，看起來就是比我自己買的還要好上一些。我的心情彷彿回到小學時候，羨慕著收到聖誕老人禮物的朋友。

現在回想起來，當時的我，應該是羨慕一起逛街買了大衣當作禮物的母親，以及收到禮物的女兒，她們母女倆之間的故事。

我想要的不是禮物的實體，而是由物品連結的人與人之間的故事。大人沒辦法自己用錢買的禮物，應該是由物品連結的故事所傳遞的「溫柔」和「愛的證明」。

那個證明，有時是微不足道的東西，有時甚至不是東西，而是透過行為來表達。愛的禮物非常脆弱，脆弱到如果打上蝴蝶結，就有可能壞掉。

我還是新人時，曾因為一些糾紛，到客戶的公司拜訪致歉。

回程路上，我因為被客戶臭罵了一頓，而不發一語，同行的前輩便請我喝星巴克的熱可可，那杯溫暖的熱可可我到現在仍然記得。那份禮物沒有蝴蝴蝶結，沒有刻意的鼓勵，而是充滿前輩的溫柔。

我應該不會再向聖誕老人許願要禮物了吧。因爲就算素不相識的聖誕老人，送給我打著華麗蝴蝶結的禮物，總有一天我一定會忘記這件事。

在人生的平凡日常裡，「給予」是有意義的，不要忽略了根本沒有蝴蝶結的禮物喔。

希望自己
無論何時都可以做一個，
好好用雙手接下各種形式溫柔禮物的大人。

思考系OL

@thinkingoodol

雖然沒辦法靠自己改變世界，卻能夠改變自己看待世界的方式。失去一切時，是感到絕望呢，還是已經沒有什麼可以失去，所以能積極迎接挑戰？日常生活是無聊且平凡呢，還是讓人喜愛且平靜？希望自己不要忘記，映在眼裡的世界，會因為自己的想法不同，而截然不同。

下午 9：00 · 11月25日

就算無法改變世界，也可以改變看待世界的方式

「思考系ＯＬ」之所以長成會像現在這樣思考的大人，是因爲十五歲時遇到某個樂團的關係。

「我看見了，彷彿可以讓悲傷消失得一乾二淨的藍天。」

鐵架的舞臺，架設在可以眺望橫濱海岸的公園。他們的演唱會，從這句歌詞開始，原本下的雨停了，從鉛灰色的雲朵縫隙照射出光芒。那個景象，

到現在我依舊記憶鮮明。

那個瞬間，讓我想試著相信歌唱的力量。

回家路上，我一心急著前往淘兒唱片，連學校制服都溼透了也不覺得有什麼不舒服。我仔細地在W開頭那一列尋找，找到了「wacci」樂團的迷你專輯。確認錢包裡有多少錢——嗯，這張專輯會把錢全部花光，但還是買吧。我快步走去櫃檯結帳。走出唱片行時，雨已經完全停了。

搭上回家的電車，剛才在演唱會聽到的音樂，一直在腦海裡迴盪著。電車車窗外司空見慣的景色，是我的日常，是那個我居住的無聊街道。

然而陽光穿透了空氣中的雨水，原本只讓我感到寂寞的街頭夕陽，在光線的折射下，我第一次覺得街景看起來閃閃發光，好不可愛。

從車站到家裡的路上，我不由得拿出CD，比較了封套和現在看到的藍天顏色，總覺得好像有點相似，非常開心，便情不自禁地仰望著天空。

那個瞬間，徹底改變了我看待這個世界的方式。

我一直都覺得很煩悶，無論是學校還是家裡，我都沒有歸屬感。年僅十五歲的我，實在沒有能力讓自己擺脫那樣的困境，也沒辦法改變自己，只能待在家庭和學校的柵欄當中，悲觀地看待這個世界，蜷曲著身體，小聲地啜泣。

然而，他們的音樂，讓我獲得了救贖。他們的音樂正面地肯定了沒有什麼特殊才能、無能且渺小的我，也肯定了狹隘、無聊的每一天。

告訴柔弱的我們，什麼樣的生存方式最適合我們、如何看待世界。

但讓人哀傷的是，世界沒那麼容易改變。就像我們無法選擇出生在哪裡一樣，自私自利的人獲得的好處，應該會比溫柔的人多；而努力也未必一定會有所回報。幸運的人會有更多好運造訪，而不幸會帶來更多的不幸。

這個不合理的世界，恐怕永遠不會改變吧。

然而，我們可以非常輕易地改變看待世界的方式。

就像那天，我相信是歌曲的力量讓雨停了。

我們過日子，不就是該自由地解讀這個不自由的世界嗎？

那不就是我們無力抵抗的美好掙扎嗎？

所以，今後我想一如往常，繼續做個「思考」如何看待世界的人。

就像音樂
改變了我的世界，
今天的我
也想持續思考如何
看待世界。

聽好囉！
覺得很累的時候，
就去吃個冰。
如果想吃哈根達斯，
不要猶豫，就買吧，
因爲只要三百日圓，
就可以珍惜自己，給予自己勇氣。
所以好好吃個冰，
一定要買自己想吃的冰喔。

你是喜歡一個人，
還是也喜歡一個人？
兩者感覺很像，
卻完全不一樣，
因爲一不小心，
就會變成前者。
比方說，星期六自己一個人過，
星期天跟朋友和家人一起過。
喜歡一個人，
但也知道自己一個人沒辦法活下去，
所以巧妙地取得平衡，
同時擁抱兩者。

內心崩潰的瞬間，不是由某個單一事件造成的。
感覺比較像是，小小的事件不斷累積，
然後某個事件成了最後一根稻草。
所以，就算你問我，什麼讓我感到痛苦，
我也很難用言語來回答。
無法表達清楚，容易產生壓力，
所以，不要勉強自己說明，
先休息一下比較好。

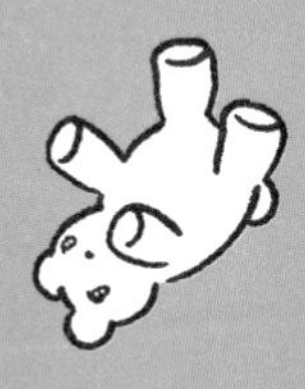

雨天會讓心情變沉重，
所以我會用力寵愛自己。
大口吃淋上蜂蜜的鬆餅，
大口喝甜滋滋的咖啡歐蕾。
雖然最後
沒有因此馬上就變得有精神，
但是「溫柔對待自己」這個事實，
有時會爲自己帶來救贖。
痛苦的時候，
更要對自己好一點。

第4章　凝視自己與他人的方式

CHAPTER 4
RESPECTING YOURSELF AND OTHERS

思考系OL

@thinkingoodol

工作能力越好的人，越不會大談工作態度；越閒的人，越會裝忙；越是嚴以待人的人，越會寬以待己；越會說我生氣是為你好的人，越不會站在他人的角度思考；生活真正充實的人，不會沉迷社群媒體。大人真的好麻煩，所以不用每一件事情都往心裡去。

下午 8：43・4月2日

我們不知道別人在想什麼，所以用對自己有利的方式解釋也無妨

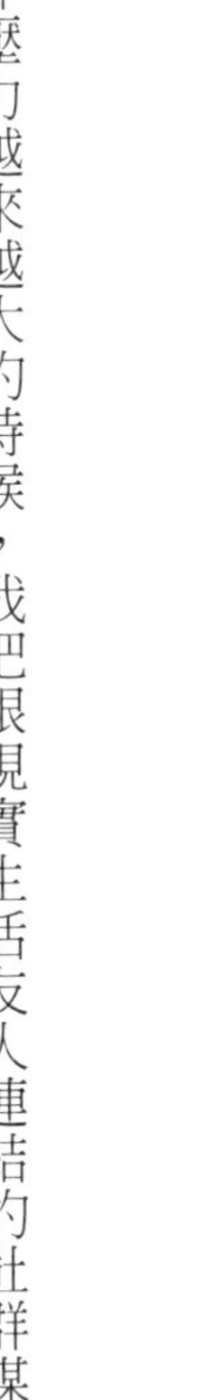

當工作壓力越來越大的時候，我把跟現實生活友人連結的社群媒體全部都刪了。

過去在同個學校、實力相當的朋友，每個人都進了大公司，不斷往自己的夢想前進。

所以每次只要看到他們日子過得頗爲奢華舒適的樣子，我的情緒就會劇烈起伏，心情變得非常低落。

自己的人生越是不順遂，越會對別人的人生在意得不得了，對不對？而且會覺得別人的所作所爲都是在找自己的碴，思考變得越來越負面。

這個切換到負面思考的開關，不只是社群媒體，也潛藏在工作的各種場合裡。

自己的工作做得越是不順，越會過度在意周遭人的看法和行爲。比方說，前輩在居酒屋熱心分享了工作心法，誤以爲前輩是在指導自己的工作態度，往後跟身邊較爲嚴苛的人來往時，就會經常以爲別人是在測試自己，一點瑣碎小事也小心翼翼的。

我從小就被教導「要多多考量別人的心情」，所以總是猜測對方言行背後的意思，每天都過得提心吊膽的。

但眞正的重點在於，對方眞實的想法只有本人才知道。

人的想法和情感，比想像中還要複雜。不是所有的言行統統都有意義，就算有意義也未必是自己想的那樣。

所以認爲別人所有的言行都帶有惡意，是件非常危險的事情。如果傷害了對方，無形之中也會傷害到自己。

不要再用自己的情緒和行爲理論，去解釋眼睛看到的一切，以爲自己很了解對方，動不動就感到沮喪。

如果社群媒體上有人炫耀說自己工作很快樂，就會覺得自己的工作很無聊，輸給了別人。

但在網路上炫耀的人，說不定其實是因爲工作無趣，才想獲得別人的肯定。

如果身邊有喜歡大談工作態度的前輩，可能會覺得前輩工作很努力，自己也必須像對方那樣，而感到焦慮。但那樣的前輩，搞不好假裝在外面跑業務，其實常常到咖啡店打混。

如果遇到對別人嚴苛的人，就會覺得對方重視工作的所有細節，跟對方相處時，就連細微末節的小事也小心翼翼的。但對方說不定只是抱怨個幾句，就覺得自己好像有在工作一樣；或只是把事情講得很可怕，其實一點也不重要。

不需要相信眼睛看到的一切，有時可以用對自己有利的方式去解釋。

當大人真的很麻煩。所以偶爾要提醒一下自己，不必把所有的事情都往心裡去。

我們沒辦法知道別人
在想什麼。
偶爾用對自己有利的方式
解釋也無妨。

思考系OL
@thinkingoodol

如果別人對你說「要回家看看父母呀」「要孝順父母喔」，不用在意。不需要因為是父母，就一定要關係良好或是溫柔以待。討厭的話就遠離，想念的話就接近。這是我的人生，我要跟喜歡的人一起活下去，那不一定要是家人，如果是家人的話也可以。

下午 8：11 · 8月5日

家人也是別人，不要再情緒勒索了

「偶爾要回家看看啦。」

「不好好孝順父母是不行的。」

出社會之後，常常遇到比我年長很多的人這樣勸戒我。每次聽到我都很想大嘆，那跟你一點關係也沒有。

我上大學之後，就馬上搬出家裡，在那之後再也沒跟家人一起住了。

我一直很憧憬「普通」的家庭，很羨慕別人有個讓人想回去的家。

我出生長大的家庭，問題複雜到說明起來非常麻煩。

每次去朋友家玩，看到別人房間整齊乾淨，感覺生活很正常，就會覺得很羨慕。

但離開家裡之後，大概過了七年，我看待家人的方式也變了。

我現在覺得，家人跟自己是不同的人，是他人。

小時候的我，覺得因爲是一家人，就期待著父母應該要讓我過上「普通」的生活。因此當期望落空時，就覺得自己好像遭到背叛，又或是因爲無法溫柔地對待家人，而對自己感到憤怒，無法忍受下去，最後逃離家裡。

自從跟家人保持距離，把家人視爲他人之後，我開始覺得不必過度期待，或是勉強自己和藹可親了。

這讓我從過去莫大的壓力中獲得了解放。

同時，我漸漸能夠把家人當作他人，慢慢地去同理他們；不想知道的事情，就不需要去了解，也沒關係。我希望家人能了解我，但不再期望家人要了解我的一切。

然後，我漸漸能夠原諒家人了。

正因爲我刻意選擇了與家人保持距離，我才發現自己被根本就不存在的、理想的「普通」所束縛，毫無疑問地相信家人是特別的存在，但這是錯誤的。

跟對家人有所期待的時期相比，我覺得現在自己跟家人之間的關係健康多了。

把家人視爲他人，喜不喜歡對方都可以。

雖然家人是他人，但他人不是只有家人。只要能找到想好好珍惜的人，那就夠了。

過去我所追求的「普通」，根本就不存在。想讓自己接近社會認定的理所當然，根本一點意義也沒有。

與家人之間保持最舒適的距離，建立起這樣的關係，可能才是最重要的。不過，那不僅限於跟家人，跟誰都一樣。

這是我的人生，所以我要跟喜歡的人一起活下去。

就算家人不是
想要一起生活的人
也無妨。
因為啊，
今後可以跟喜歡的人
成為家人。

思考系OL

@thinkingoodol

比起跟年收千萬日圓的人結婚，想要找到一個不浪費食物、自己的事情自己做、不說別人壞話來炒熱氣氛、不說謊、不對別人的工作下指導棋、沒有心結、對別人不感興趣（好的一面）、擁有一個人也能樂在其中的興趣、絕對不會劈腿的人結婚，恐怕難多了。

下午 11：07．10月4日

比起年收和學歷，思考方式更能夠守護自己和重要的人

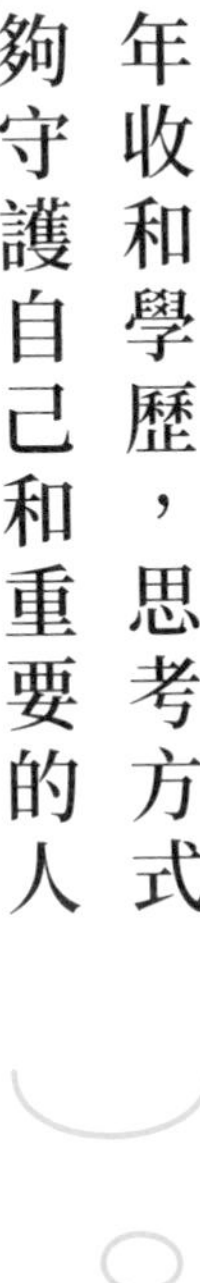

在我還是中學生，升學輔導被問到將來的夢想是什麼時，我這樣回答：

「我想要釣金龜婿！」

然後老師一臉認真地說：「這樣的話，你要好好念書，考上好大學，進到一流公司，在那裡最有機會找到老公。」

那個時候我還很狂妄地覺得，老師回答的怎麼跟我想的不一樣，才不是那樣呢。但不知道爲何，在那之後過了十年，老師那極爲冷靜且認眞的表情，我到現在依舊記得一清二楚。

釣金龜婿或富家女，是全人類眞切的願望。最好不用努力，就可以不愁

吃穿；運氣好的話，搞不好可以過上奢侈日子，呵呵呵。

但長大之後，被問到很現實的問題：你希望結婚對象的年收入是多少？老實說，我覺得不應該仰賴他人的財產生活。

開始工作後，我越來越常用各種數字來評估自己的價值。比方說，用薪水來衡量，身爲業務就是用業績來衡量。每當存款和成交件數增加時，我都會誇獎自己，我好棒呀。

然而，用數字衡量價值，意外地禁不起考驗。

在我罹患憂鬱症沒辦法工作時，存款幾乎見底，業績也歸零，一切都回到原點。那也讓我深刻地了解到，無關當事人的努力和意志，爲了評價自己而不斷累積的數字，很輕易就會崩解。

但即使我看似失去了一切，有個東西還留在我的身邊，那就是「思考方式」。

存款的確拯救了我，但是把身處谷底深淵的我撈出來的，是過去聽過的音樂、看過的電影、讀過的書，當然還有各種經驗累積而成的「思考方式」。

對事物有什麼樣的堅持？如何看待他人、與他人相處？遇到挫折時，會怎麼重新站起來？**實際嘗試，然後不斷失敗和成功，從經驗裡學習到的「思考方式」，是我的絕對價值，沒那麼容易就放棄。**

「思考方式」根本無法測量，但也正因爲如此，「思考方式」的價值不會輕易改變，發生什麼事都不會有所動搖，**是守護自己和重要他人的最強武器。**不只是自己，那也是所有人都想要一輩子相伴相隨的東西。

與個人的意志無關，我們身處的環境總是說變就變。正因爲這樣，我想跟時時刻刻都能好好珍惜自己想法的人在一起，我也想成爲那樣的人。然後，我不想再依賴他人評價這種不穩定的東西了。

凝視他人時，數字和身分地位這類量尺，會非常顯而易見。正因爲簡單好用，所以我們常常依賴這樣的衡量工具。想要找終身廝守的伴侶，就因此變得超級困難。

即使如此，我也要跟中學時代的我說，想釣金龜婿，只憑眼睛看得到的價值就飛撲過去，會變成輕率且膚淺的大人喔。今後我也想繼續這樣對自己說。

不要只被看得到的價值給迷惑了。要持續思考，讓自己不忘思辨。

思考系OL

@thinkingoodol

我過去一直想成為一個人也能活下去的堅強大人，但是我錯了。現在我想成為懂得依靠他人的人，因此也想成為別人的依靠。比起一個人獨自活下去，跟他人一起活下去，自己一定得強大起來。我想成為能夠跟家人、情人、友人好好一起活下去的大人。

下午7：42・8月27日

不是只有可以獨自一人活下去才是堅強

你很可靠耶，你很努力耶。沒錯，小時候別人常常這樣誇獎我，但是我卻一點也不覺得那是在誇獎我。

如果我的人生，就算不可靠也找得到人來撒嬌，不努力也有人願意愛我，該有多好。

長大成人之後也是一樣。

小孩年紀跟我差不多大的同事，常常像這樣跟我說：「你比我兒子可靠太多了，很厲害耶。」每次被誇獎的時候，我就會覺得，她兒子一定很喜歡跟她撒嬌吧，讓我非常羨慕。

我只不過是因爲，不努力的話，就沒辦法好好活下去而已。

結果，我就長成了不擅長跟人撒嬌、不擅長依靠他人的大人了。

比方說，情人很忙碌，但他說可以抽空來找我。那個時候，我會先擔心自己會不會造成情人的困擾，不安的情緒大過喜悅，而不會老實地說謝謝；接著因爲害怕會被情人討厭，而拒絕對方。

過去我打從心底認爲，與其活得給別人添麻煩，不如自己一個人活下去。一個人獨自活下去，才是堅強的大人，過去的我對此深信不疑。

改變我那種想法的，是我請假在家休息時，支持我的上司。

想一個人扛下一切，身上背負的包袱，不知不覺重到自己負荷不來。再也無法獨自一人在房間裡度過漫長難耐的夜晚，我終於對外喊「救命」。

上司完全沒責怪我，而是改變了工作環境，去除造成我壓力的原因。這個世界比我想像的還要溫柔。那個經驗讓我第一次相信，只要對外求救，眞的有人願意伸出援手。

要跟別人一起活下去，就必須適時地開口喊「救命」。我到現在還是很怕喊救命。怕被當成沒用的人遭到拋棄的恐懼，到現在還是沒有消失。

即使如此，一個人活著比喊救命可怕太多太多了。一定是因爲我知道獨自一人睡也睡不著，只能身體蜷縮在一起的夜晚有多麼漫長。

想要擁有求助的勇氣，唯一的方法就是，成爲有餘裕、能夠回應別人求救的人。

雖然我現在可能不具有像上司那樣的影響力，但慢慢來也無妨，我想找到自己擅長的事物，然後成爲對別人有幫助的人。

我想，可以先從偶爾仔細觀察周遭開始做起，那應該會是跟別人一起活下去的捷徑。

在這個社會，成爲獨立自主的大人能備受大家關注，但我覺得不必自己一個人把一切都做到完美。眞正的獨立自主，是能夠把做不到的事拜託給別人，然後幫助別人做他們做不到的事。

再怎麼麻煩也不放棄，如此才能夠堅強地活下去，不是嗎？

有時跟人撒嬌，有時讓別人對自己撒嬌。爲此只要找到一件自己擅長的事就行了。

不必什麼都硬是一個人扛，一點也不必要。

不想要一個人活下去也沒關係。
能夠跟別人一起活下去也很堅強。

思考系OL
@thinkingoodol

聽好囉，想要喜歡的人珍惜你的話，就要在末班電車的前五班車之前回家。約會盡量約在白天。不可以為了見對方而取消其他安排。盡量不要太過重色輕友。絕對不可以說「都可以」。不要覺得自己配不上對方，要先好好珍惜自己喔。

下午8：50・5月9日

想要別人珍惜你，你要先珍惜自己

十二月的深夜，我們坐在四谷三丁目公車站牌的候車椅上。

公司尾牙結束，在JR剪票口準備刷卡進站前，喝醉酒的他說忘了手錶，不知爲何，他拉著我一起回去拿錶。可能是因爲拿回手錶，覺得放心了吧，他邀我在夜晚的街道散散步。明明拒絕他的理由多如山，我卻一個也說不出來。我們就在飯田橋漫無目的地走著。

走著走著，到處都是地鐵車站的街道，末班車竟然就這樣沒了。那是散漫的兩人糟糕的地方。

走累的我們，終於找到椅凳坐下，坐在哪兒都去不了、末班車已經過了

的公車候車亭椅子上。

他酒醒了，緩緩地開口說：「我要跟女朋友分手。」我只回了句：「這樣喔。」對話就結束了。

已經沒有地方可以去的我們，進到眼前的卡拉OK店。我們一首歌都沒唱，就這樣待到天亮。走出包廂前，我有氣無力地喝了口一開始點的薑汁汽水。汽水不冰了，氣也消了，僅剩下的氣泡包覆著我的舌頭。汽水沒有味道，只是讓人感到不愉快而已。他還在睡，我在他旁邊，把他的LINE給封鎖了。我們的曖昧關係就這樣結束了，因為他只是跟我說，他要跟女朋友分手而已。

他那樣說，就跟沒辦法和我交往是一樣的意思。

走出卡拉OK，我們到大樓一樓的蓋飯店吃了烏龍麵。那是我們兩人一起迎接的第三個早晨，卻是我們最初也是最後一起吃的早餐。

走出店家，他天眞無邪地笑著說「再見」，然後走向JR剪票口。我只說了「掰」，就轉向地鐵的入口。

他的邀約總是來得很突然。

因爲怕被拒絕，我不敢開口約他，所以當他來約我時，我就會取消原本的預定，跑去跟他見面。

像我這種人，怎麼可能成爲他的女朋友，能跟他見面我就很滿足了。

我常常這樣爲我們曖昧不清的關係找理由。

「你想吃什麼？」他這個問題總是困擾著我。

我不知道什麼是正確答案，只能回答「都可以」。

我們這段沒有名分的感情，根本無法保證下次何時見面。

只要想到這可能是最後一次見面，我就不想回去。

「我要跟女朋友分手」，這短短的一句話，將過去一直裝作沒看到的事實，狠狠地、硬生生地擺在眼前。原來我重視的人一點也不珍惜我啊，不對，就連我自己也沒珍惜自己。

早上五點半，四谷三丁目站的月臺上。電車進站時，一股溫熱的空氣把我包覆了起來。我聽見了世界徹底崩壞的聲音。我匆忙地走進電車，彷彿把不捨之情和執著丟在這條街上。我應該再也不會抱著這麼空虛的心情坐電車了吧。

每當寒冬的風打在臉頰時，我就會想起那個四谷三丁目的夜晚，然後我就會不斷對自己說：「不好好珍惜自己的話，是不會有人好好珍惜我的。」希望悲慘的早晨不要再找上我了。

珍惜自己的勇氣，
今後也會一直守護著你。

思考系OL
@thinkingoodol

我覺得身為大人，最重要的就是「遭到冒犯時，也不會笑笑裝沒事」。過去我以為，就算遭到性騷擾或是被挖苦，也能壓抑自己的情緒，笑著說沒什麼的人，才懂得察言觀色，但完全不是那麼一回事。為了維持自己的心理健康，避免未來發生憾事，用堅定的語氣告誡對方，才是大人應該具備的能力。

上午10：55．8月9日

討厭的事情不需要笑著回應，要用堅定的語氣告誡對方

「女性業務好難得耶。最近年輕女性業務員增加了不少，但她們打電話來約訪，眞正來的卻是老頭子。（笑）」客戶的高層用近似玩笑的口吻笑著。

我剛開始當業務，前往分配到的客戶公司拜訪打招呼時，都會被那樣說。

一瞬間，我不懂爲什麼他在笑，一點也不好笑。

但在場的大家都在「哈哈」笑。

所以我也跟著笑，打哈哈過去。

那天晚上，我不斷想到那個場景。

客戶那番話應該是想說，年輕女性是「誘餌」吧。

想到連原本應該站在我這邊的同事也跟著笑，我就越想越氣。

就算對方是在開玩笑，也希望同事回說「才不是那樣」。

而更讓我生氣的，是只會笑著打哈哈的自己。

我把那件事跟當時的上司說。

上司的回應讓我很吃驚。「那種客戶，你之後不用去沒關係，因爲你比較重要。」

那番充滿愛的話，打破了「客戶至上」「要把所有的危機都化爲轉機」這類心靈雞湯般理所當然的職場應對原則。

我一直以爲，就算被別人說了難聽的話，也必須察言觀色，不讓對方感到不愉快，聽聽就算了，這才是優秀大人的態度。

但不知爲何，在聚餐、車內移動、商談時，明明心裡很受傷，明明一點也不想笑，卻越來越常用傻笑回應。

我告訴自己，只要自己忍耐，場面就會和樂融融，那是成熟大人的應對。

我踐踏自己的自尊，打哈哈呼嚨了過去。

但那是錯的。

上司的話讓我堅定地相信，根本不需要犧牲自己，來討好對方。

更重要的是，我決定要好好珍惜自己。別人講了討厭的話，再也不想笑著打哈哈過去了。

而意外的是，再怎麼恐怖的人，只要我嚴肅地回應，討人厭的話就再也沒出現了。沒想到那麼簡單。

當雙方的關係越是明確，不僅限於工作關係、不分男女，自己處於較爲不利的立場時，越容易遭到不合理的對待。

但直白地說「我很不開心，請別那樣」太過強硬，我沒那麼堅強勇敢，就算未來做不到也沒關係。
但至少我決定，再也不配合傻笑了。

當別人講了
讓自己不舒服的話，
也不會笑著打哈哈過去。
因為那並不是
需要犧牲自己去保護的東西。

思考系OL

@thinkingoodol

遠離不珍惜你的人吧。臨時放鳥的朋友；嘴巴說喜歡，卻不願意交往的男人；貶低自己的父母。不被喜歡的人好好珍惜的經驗，會剝奪所有的自尊心。雖然需要點勇氣，但至少自己要好好珍惜自己，而遠離不珍惜你的人，是最好的方法。

下午9：01・6月26日

不珍惜你的人，就大膽地斷絕關係吧

怎麼做才能增加自尊心呢？這是我開了思考系ＯＬ的推特帳號後，最常被問到的一個問題。那個問題我也煩惱了好久，正因爲這樣，我想直接簡單地回答。

「不珍惜你的人，就離開他吧。」

現在回想起來，當時我的腦筋盡是想著一些不重要的問題。

對方選了別人，沒選擇我，我們兩個有什麼不一樣？

他信誓旦旦地跟我說的那句「你是我最重要的人喔」，就這樣成了謊言。那個瞬間，我存在的輪廓變模糊了。

他剝奪了我所有的自尊心，剝奪得一點也沒剩。

對了，去沒人知道我是誰的地方好了，越遠越好。

我買了青春18的便宜火車票，坐慢車去旅行，沒有目的地，就只是隨著列車搖搖晃晃。爲了不讓自己看著照片回味過去的快樂時光、偷看對方ＩＧ的發文、期待對方聯絡我，我關掉手機的電源。

我從天還沒亮、黑漆漆的東京車站搭車。外頭越來越亮，陌生的景色一個接著一個出現。途中上車的人，沒有一個人知道我是誰，我也不知道他們是誰。總覺得，世界好像越來越寬廣了。

過了某個車站後，偶然坐在我旁邊的婆婆跟我搭話。我們的對話從一開始的「天氣很好耶」，到我不知不覺把所有的事情都跟她說了，說我爲什麼會搭這輛電車，發生了什麼事。

那位婆婆最後跟我說：「沒問題的，你一定會得到幸福。」然後給了我一顆糖，便在陌生的車站下車了。

我把糖果含在嘴裡。讓人懷念、甜到不行的砂糖味道，跟著婆婆的溫柔一起在我嘴中擴散，一點一點地滲進我的心裡。

還是有人珍惜著我。在陌生的地方，跟陌生人一個偶然短暫的相會，讓我再次確認了自己存在的輪廓。

等我回過神來，漫無目的的電車之旅抵達了京都車站。糖果吃完之後，我就下車，馬上搭往東京的列車。

我發現到，我過去存在的世界非常狹隘。我所執著的東西，可能一點也不重要。

因爲放下一個執著，會遇見另一個嶄新的、溫柔的邂逅。

希望獲得眼前的人肯定、喜歡，會那樣想是很正常的。但我問了問自己，我是不是有點輕忽了眼前的幸福呢？

放下手上的東西，才能得到新的東西。

如果生存的世界變得狹隘，只要慢慢拓展世界就行了。

這是利用青春18火車票去旅行，吃進嘴裡、平凡無奇的一顆糖果告訴我的道理。

我相信，這個世界一定有更願意珍惜我的人。出發尋找下一個新的邂逅吧。

我再也不會把時間花在不珍惜我的人身上了。

不珍惜你的人，
就大膽地
斷絕關係吧。

大家都還好嗎？有好好吃冰淇淋嗎？
穿著睡衣懶洋洋的嗎？有開冷氣嗎？
買外食或冷凍食品放過自己了嗎？
聽著喜歡的音樂嗎？遇到影響你的書了嗎？
看著無聊的電視節目大笑了嗎？
跟朋友講垃圾話了嗎？
在網路上抒發心情了嗎？
放假的時候就好好放假喔。

認定眼前的人就是命定之人，
絕對比尋找命中注定的人更容易得到幸福。

與其
尋找讓自己幸福的人，
不如跟
想帶給對方幸福的人
在一起，
人生過起來
才更順遂。

假日就好好地寵愛自己。
看喜歡的電影，跟喜歡的人見面，
吃喜歡的東西，喝喜歡的飲料，
讀喜歡的書，逛喜歡的街，
去喜歡的店。

如果原本喜歡的東西，
突然覺得不喜歡了，
就是危險訊號。
所以我養成了
定期沉浸於喜歡的事物裡，
以補充精力、
確認心理健康的好習慣。

後記

依自己的意志，尋找可以綻放盛開的地方

「在落地之處開花。」

這是人生前輩留給我們的美好話語，幫助我們在混沌的人世間生存下來。

被這句話拯救的上班族一定多到數不清。

但針對這句話，我想表達點意見。

過去我一直認爲，凡事只要努力，就一定可以做到。怎麼也做不來的事，是因爲我不夠努力，我甚至這樣激勵自己活了過來。

沒辦法做夢想中的工作的我，認爲自己只能以業務這份工作做出成績。閃閃發亮的新進員工，我滿心壯志，覺得只要努力，沒什麼是不可能的。跟

大家自我介紹時，我還說自己「我這個人個性很討厭，很不服輸」。

我很清楚自己的個性。我是那種感受力強，懂得同理他人，就算遇到不擅長的事情，也會勇往直前的人。這是我在求職做自我分析時找到的答案，所以我相信自己應該很適合做業務。

但是當我實際開始跑客戶之後，周遭對我的評價不如預期。大家對我的評語都是「想太多」「想法固執不靈活」「頑固」等。

思考系ＯＬ如字面上所示，是個眞的會想很多的人。「坐而言不如起而行」「工作是邊做邊學的東西」，在這樣的文化當中，我越來越害怕行動，最後裹足不前。

漸漸地，我把過去認爲是優點的性格，視爲缺點，害自己的壓力越來越大。明明那麼努力，周遭的回饋卻是負面的，這樣的狀況讓我感到越來越窒息。

「在落地之處開花」這句話，對走在充滿不確定未來路上的我來說，是救贖。但我越是努力想要開花，越是否定自己的性格。不只是開不了花，就連幹勁和自信也逐漸枯萎了。

然後，覺得沒辦法在落地之處開花，是因爲自己不夠努力，更是把自己逼入絕境。

我從那個時候開始在推特抒發心情。

一開始只是把生活中湧現的情感，和總是想太多的腦中思緒，整理成文字發布在網路上。在這個反覆的過程當中，追蹤者人數越來越多。

在職場上想太多會被罵，但是在推特上卻收到私訊說，對我的文字很有共鳴，因而得到了救贖。在工作上一點感覺也沒有，在推特上卻覺得自己是被需要的。雖然兩者狀況有落差，但我因此察覺到一件重要的事：

職場上的我，和推特上的我，都是同一個我。只不過，自身的價值，會因爲自己的能力是否被身處的環境所需要，而有極大的差異。

出社會之後，跟過去差最多的地方就在於，工作要求的能力和成果，有個別的制式規範。不同的公司和職務類別，有不同的目標、努力方式，以及能夠獲得讚賞的基準，即使同樣都是日本的公司，對工作的要求，也會像大海另一端的異國般天差地遠。

人總會有怎麼做也做不來的事情，自身的獨特性是優點還是缺點，會因爲身處的環境而截然不同。

無關努力與否，所謂在落地之處盛開花朵，是以種子播下時的土壤和氣候適合花朵的品種爲大前提。而且這句話，必須要有人覺得花朵綻放很美才得以成立。

沒錯，就是奇蹟和奇蹟的偶遇相逢。

一開始就在錯的地方播下種子的我們，下次只要在自己一定有辦法開花的地方播種就好。而且，只要在覺得這朵花很美的人面前，充滿自信地綻放就可以了。

怕雨水，就長在大屋簷底下。

怕熱，就待在陰涼的樹陰下。

這並不是逃避。依自己的意志，尋找可以綻放盛開的地方，確確實實也是一種努力。

這個春天，我離開了明星單位業務部，到新的部門迎接挑戰了。

不要放棄，持續尋找願意肯定自己的歸宿之地吧。

思考系ＯＬ謹記

讓我們在

能夠綻放的地方

播下種子吧。

www.booklife.com.tw　reader@mail.eurasian.com.tw

自信人生 179

為了吃炸雞，我決定今天還是好好活著

がんばらないことをがんばるって決めた

作　　者／思考系OL
插　　畫／おさつ
譯　　者／謝敏怡
發 行 人／簡志忠
出 版 者／方智出版社股份有限公司
地　　址／臺北市南京東路四段50號6樓之1
電　　話／（02）2579-6600・2579-8800・2570-3939
傳　　真／（02）2579-0338・2577-3220・2570-3636
總 編 輯／陳秋月
副總編輯／賴良珠
主　　編／黃淑雲
責任編輯／陳孟君
校　　對／黃淑雲・陳孟君
美術編輯／李家宜
行銷企畫／陳禹伶・王莉莉
印務統籌／劉鳳剛・高榮祥
監　　印／高榮祥
排　　版／莊寶鈴
經 銷 商／叩應股份有限公司
郵撥帳號／18707239
法律顧問／圓神出版事業機構法律顧問　蕭雄淋律師
印　　刷／祥峰印刷廠
2022年9月　初版
2023年11月　5刷

定價 330 元　ISBN 978-986-175-698-1　

「對自己有利、讓自己開心的事，全都能成爲養分。」

換言之，相反的事則全是毒藥。

今後，請完全不要努力修正自己的缺點。說得極端點，努力是大敵。

——《躁鬱人的機智生活》

國家圖書館出版品預行編目資料

為了吃炸雞，我決定今天還是好好活著 / 思考系OL作；謝敏怡譯. -- 初版.
-- 臺北市：方智出版社股份有限公司， 2022.09
192面；14.8×20.8公分 --（自信人生；179）
譯自：がんばらないことをがんばるって決めた
ISBN 978-986-175-698-1（平裝）
1.CST：人生哲學　2.CST：自我實現
191.9　111011163